「良い質問」を40年磨き続けた
対話のプロがたどり着いた

「なぜ」と聞かない質問術

中田豊一

ダイヤモンド社

プロローグ

この世の問題のほとんどは、事実の誤認から生じます。
仕事の現場でも、人間関係でも、同じです。

では、事実を正確に捉えるには、どうすればいいのでしょう。

ひとことで言えば、正しく問えばよいのです。

当たり前のことですが、問いには、よい問いとよくない問いがあります。

「なぜですか?」という質問を私たちはたいへんよく使いますね。
でも、この「なぜ」は、最もよくない質問のひとつです。
原因分析のためには「なぜを5回繰り返して聞け」と教えている手法がありますが、これも間違っています。

なぜなら、「なぜ？」と人に聞くのがそもそも良くないからです。

でも、「なぜ『なぜ』がダメなの？」

そう聞きたくなりますよね。

実は、「なぜ」と聞くと、意図せずに相手の「思い込み」を引き出してしまうのです。

本書は、これを知ることから始まります。

そのために、少しだけ私の話をさせてください。私は1978年にフランスでインドシナ難民と出会って以来、40年以上にわたり、開発途上国支援に携わってきました。師であり盟友である和田信明とともに、インド・バングラデシュをはじめ、支援活動をした国は20カ国以上に及びます。

常識も価値観もライフスタイルもまったく違う人たちと交わる中で、私はずっと、あるモヤモヤを抱えていました。

「人々が私に語ってくれている問題は、本当の問題なのだろうか」

「互いにうわべを繕っているだけで、彼らの本音を全然聞けていないのではないだろうか」

　こういう思いは、「私たちの援助は、本当に人々の問題解決に役立っているのだろうか」という根本的な疑問に繋がり、私のモヤモヤはさらに大きくなっていきました。でも、それをどうすればいいのか、そもそもこのモヤモヤは一体どこから来るのか、私には皆目見当が付きませんでした。

　目の前に曇りガラスがかかっているようなそんな状態が20年あまり続いた末、私は、突如、唯一の解決策に出くわしました。

　それが本書で紹介する手法、「事実」に即したコミュニケーション手法です。

「なぜ」を使ってはいけない理由に気づいていないうちは、まだ確実に「思い込み」の世界にいます。私はそこから抜け出すのに20年かかりました。

この、事実に基づいた対話手法は、すべての解釈を排し、事実を淡々と伝え合う「知的コミュニケーション」です。

私はこの手法を、ビジネスパーソンの方々、医療・福祉関係者、内外の対人支援の専門家など延べ1万人以上の人々に、その後の20年以上にわたり伝え続けてきました。気づくまでに20年、伝え始めてから20年、というわけです。

事実質問は、すべての人が使えます。シンプルな手法だからです。

しかし、突き詰めれば、非常に奥が深い部分があります。最後には、使う人の賢さや知的センスが問われます。

「事実」を正確に確認する。ただそれだけ。

必要なのは、「事実」に基づく対話。ただ、それだけです。これほどにシンプルで普遍的な技法を私は他に知りません。

これを知れば、もう、元の世界には戻れなくなるでしょう。

事実と思い込みがもつれ合って乱れ飛ぶこの世界の、見え方がガラリと変わることをお約束します。

目次

第1章 「事実質問」は最良の知的コミュニケーション

第2章 事実質問のつくり方 定義と公式

第3章 事実質問の繋ぎ方 始め方から終わり方まで

第４章　事実質問がすべて解決する

序章

よくない質問が「会話のねじれ」を生み出す

「なぜ？」は致命的な「話のずれ」を生む

質問には、よい質問とよくない質問があります。
よくない質問の代表が「なぜ？」「どうして？」と聞く質問です。

では、それがよくないのはどうしてでしょうか。
まず第一に、相手の「思い込み」を引き出してしまい、それがコミュニケーションのねじれにつながるからです。具体的な例を見てみましょう。なお、本書で紹介する事例はいずれも私や私の仲間がこれまで経験してきた実際の事例をもとにしたものです。

AさんとB君は、オフィスの近くでランチをとっています。ふたりは、会社の先輩と後輩です。B君の箸があまり進んでいないのを見たAさんが言いました。

Side 1

A 食欲ないの？

B そういうわけじゃないんですけど……。

A 会社で何かあったの？

B ミスが続いてて……。今日も、上司のCさんから「君、やる気あるのかね」って言われました。

A **なぜ**、そんなにミスをするの？

B 「すぐやらなきゃ」と思ってるところに、他の大事な連絡が入ると、そちらに気を取られてしまうんです。僕、この仕事に向いてないのかもしれません。

A 会社に入ってまだ半年も経たないのに……。前の会社辞めたのは、**どうして**だったっけ？

B 自分にもっと向いてる仕事を探したかったからです。

A そう。この調子じゃ、これからもそんなこと繰り返すことになりそうね。

B ……。

B君は相談に乗って欲しくてこういう話をしたはずなのに、目的は全く果たせず、結局二人は、微妙な空気で店を後にしました。

あなたの周りでもこういったことはありませんか。

もうひとつのパターンを見てみましょう。シチュエーションは同じです。

Side 2

A 食欲ないの？

B そういうわけじゃないんですけど……。

A 会社で何かあったの？

B ミスが続いてて……今日も上司のCさんから「君、やる気あるのかね」って言われました。

A 何をミスしたの？

B 会議の時間を勘違いしてて、遅刻しちゃったんです。

A ミスしたのって、**いつ**のこと？

B　昨日です。
A　**その前**は？
B　この月曜ですね。
A　じゃあ、**その前**は？
B　え〜っと……。あれ、思い出せない。
A　……。
B　あ〜、入社してすぐの頃に一度ありました。でも、その時はCさんにも落ち度があったらしくて、あまり怒られませんでした。
A　そうなんだ。月曜は**何を**ミスしたの？
B　Cさんが急に、「早く出せ！」って怒ってきて。でも、本当は「木曜まででいいよ」って言われてたんです……。なんだ、よく考えてみれば、自分のせいでミスしたのは、昨日だけだったんですね。じゃ、なんで僕、こんなに落ち込んでるんでしょう……。
A　Cさんが、同じようなこと**他の人に**言ってるの、聞いたことある？
B　ありますよ。同期のD君にもよく言ってますよね。
A　そっか。ところで、Cさんとはこれからも仕事しなきゃいけないんだっけ。

B　来月の人事異動で、本社に戻るんですよね……？　あれ、なんか食欲出てきました。あの……食べ終わったら、ちょっとコーヒーでもどうですか？

A　うん、場所を移してもいいわね。

それぞれのパターンで、全く違う結論になったことにお気づきでしょうか。

この2つの会話を、「質問」を基準に比べてみましょう。太字の部分が、両者の運命を分けることになった決定的な質問です。

Side1のAさんの「なぜ、そんなにミスをするの？」に対するBさんの答えは、「『すぐやらなきゃ』と思ってるところに、他の大事な連絡が入ると、そちらに気を取られてしまうんです」ですね。その後続けて、「僕、この仕事に向いてないのかもしれません」という迷いとも愚痴ともしれない言葉まで出てきてしまいました。

しかし、Side2のやり取りを見ると、全く違った景色が見えてきます。実はミスが続いているということ自体が、B君の「思い込み」だったのです。B君は、本当は自分が思っていたほど、ミスをしていたわけではなかったのです。

どちらがB君の問題解決に役立ったか、二人の人間関係を良くできたかは明白ですよね。

理由を直接尋ねても、真実は見えてこない

でも、よく考えてみてください。Side1のほうのAさんは、会話の雰囲気を悪くしたくて「なぜ？」と聞いたのでしょうか。いや、そうではないはずです。B君がミスした理由を単純に知りたかっただけですよね。

他方、Bさんが自分の話をAさんに持ち出したのは、「Aさんに相談に乗って欲しい」という思いからです。でも、話は全くそういう方向に向かいませんでした。互いの会話の意図が行き違っていますね。つまり、二人の間に、コミュニケーションの「ズレ」が起こったのです。

それに対して、Side2では、Aさんは、「なぜ？」と聞かず「いつ？」と聞き、さらには、「その前は？」「その前は？」と単純に聞いていきました。するとB君は、自分のせいでミスしたのは実は昨日だけだったことに気づくことができました。こうして二人ははっきりした事実のみに基づいて話を進めていき、その結果、B君は心を落ち着かせることができたのです。

Ｓｉｄｅ1では、「なぜ？」と聞いたことが相手の思い込みを強化し、さらには、「僕この仕事に向いてないのかも」という次の思い込みを生み出しました。そしてそれが二人の間に関係のねじれを生じさせてしまったのです。一方Ｓｉｄｅ2では、互いの会話がずれることなく着地しました。

後で詳しく解説しますが、「なぜ質問」、つまり理由や原因を直接尋ねる質問がダメなのは、第一に相手の「思い込み」を引き出してしまうからです。ちなみに、Ｓｉｄｅ2で使っているのが事実質問です。

「なぜ？」は相手に言い訳を強要する

「なぜ質問」がダメなのは第一に「相手の思い込みを引き出してしまうから」でした。

では次に、第二の弊害に迫るために、もう一つ、短い会話を見てみましょう。小学校高学年のＴ君とお母さんとのやりとりです。

Side 1

母親　ゲーム、また出しっぱなしじゃないの。**どうして**使ったらすぐに片付けないの？

T君　いや、だからM君と遊んでから片付けようと思ってたら、Yちゃんから連絡が入ってきて、そのうちお昼になっちゃったんだもん！

母親　もう！　言い訳はいいからさっさと片づけなさいっ！

どこにでもありそうな親子のやり取りですね。
では、もうひとつのやり取りを見てみましょう。

Side 2

母親　ゲーム、また出てる。**いつ**出したの？

T君　あ、それ朝出したの。

母親　そう。

T君　……今しまうね！

やけにあっさりと片付けてくれましたね。

では、この2つの違いはどこから生じたのでしょうか。

ここで着目してほしいのが、太字の部分です。Ｓｉｄｅ1では、T君は、いきなり言い訳を始めたわけではありません。お母さんから「どうして？」と聞かれたので、それに答えようとしただけです。ところが、それが言い訳がましくなってしまい、それをさらに怒られてしまいました。T君の立場はありませんよね。

一度きりならまだしも、こういうことが繰り返されたとして、T君とお母さんとのコミュニケーションは、果たしてよい方向に向かうでしょうか。これから、何でも素直に打ち明けられる関係が築かれていくでしょうか。大いに疑問です。

しかし、Ｓｉｄｅ2では、T君は言い訳せず、すぐにゲーム機を片付け始めました。Ｓｉｄｅ1の質問とＳｉｄｅ2の質問、違いがどこにあるか、もうおわかりになりましたね。

「なぜ?」は、相手を問い詰める

「なぜ質問」が悪い第二の理由は、上の例が示すように、最悪の答え、つまり「言い訳」を引き出すからです。

私たち人間は、自分でも「よくなかったかなあ」と思っている行為に対して、「なぜ？どうして？」と聞かれたら、とっさに言い訳してしまうようにできています。先ほどのSide1の会話例では、T君はお母さんに「言い訳を言わされた」状況なのです。

想像してみてください。前の晩に飲みすぎて、あなたが朝一番の会議に遅刻してしまったとしましょう。慌てて会議に入ると、上司にこう聞かれたとします。

> どうして会議に遅れたんだね？

ここであなたは、前の晩に飲みすぎて朝起きられなかったことを素直に白状できるでしょうか？　きっと、「いや……」と始めて、つい言い訳したくなりますよね。「電車が遅れた」とか「道が混んでた」など……。

このように私たちは、あまり好ましくない自分の行為に対して、「なぜ」と聞かれるとつい「言い訳」しがちです。「なぜ」「どうして」と聞かれると、問い詰められているような気がして、つい言い訳してしまうのです。

こういった「なぜ質問」のことを、私は「**詰問型のなぜ質問**」と呼んでいます。形としては「なぜ」「どうして」という質問になっていますが、実際は純粋な質問ではなく、力関係の差を利用して相手にプレッシャーをかけているのです。

その他にも、「おせっかい型質問」というのもあります。次の会話がその代表例ですね。

A　最近太ってきちゃって。
B　そう。じゃ、**なぜ**運動しないの？　近くにジムあるじゃない。
A　いや、なんだか面倒で……。

これも質問に見えて、実際は相手に自分の提案・アドバイスを強要している**「おせっかい型のなぜ質問」**です。疑問形に見せかけた命令形とも言えます。

あなたも、過去に上司や先輩、あるいは教師からこのような「なぜ質問」を受けたことが少なからずあるはずです。その時のあなたの反応を思い浮かべてみてください。素直に従う気分になったでしょうか？

「なぜなぜ分析」は解釈のずれを引き起こす

ビジネス系の質問術では、「なぜ？」と尋ね、それへの答えに対してさらに「なぜ？」「なぜ？」と、5回繰り返して聞いていくべしと教えるものもあります。しかし、相手との関係構築が難しくなるという意味でも、対話手法としては全くオススメできません。特に、**問題分析の手法としては、全く見当はずれ**です。

「なぜを5回」手法では、「なぜ」にさらに「なぜ」をかぶせて聞いていくのですが、もし、あなたが聞かれている側なら、どう感じるでしょう。自分たちの失敗の原因を人前で白状させられ、しかもそれを5回もやれと言うのです。

そもそも、「なぜ質問」で真偽のはっきりしない言い訳をわざわざ聞き出して、何になるのでしょう。何にもなりませんよね。明らかに言い訳とわかることでも、一度口に出してしまうと、なかなか引っ込められないのが人間です。

ただし、「なぜ分析」が有効に作用するときもあります。それは、相手が問題分析への強い意欲をすでに持っているとともに、聞き手に対する信頼と尊敬があるときです。

例えば相手が企業の経営者で、何が何でも経営を立て直そうと決意し、プライドを捨てて、信頼できる優秀なビジネスコンサルタントに高額な料金を払って依頼した場合などがそれに当たるでしょう。

そういう状況でないならば、たいがいは心が折れるか、適当に忖度して対応するかのどちらかです。これでは冷静で客観的な問題分析などできるはずがありません。

とりわけ、質問する側とされる側の間に、力関係が存在する＝対等でない、モチベーションに差がある場合、たとえば上司と部下の場合などはそれが顕著です。知識、情報、経験などに差があり、信頼関係が築かれていない場合、「なぜ質問」は力関係やモチベーションの差を強化するだけの危険な質問として機能する恐れがとても強いのです。

高度経済成長期には、国全体にやる気が満ち満ちていました。多少叩かれても簡単にはくじけないという風潮の中で、生み出されたのがこの手法です。その頃は「なぜなぜ分析」

は効果的に作用したことでしょう。しかしそのような、いわゆる昭和の時代はとうの昔に終わったはずですよね。

理由を問うと「会話のねじれ」が生まれる

本書では、「なぜ?」「なんで?」「どうして?」のように、理由や原因を聞く質問のことを一括して「**なぜ質問**」と名付けます。日本語での表現にかかわらず、英語で「Why」の意味に当たる質問はすべて「なぜ質問」だと考えてください。

このような「なぜ質問」を使ってしまうと、質問者は真の理由を突き止めたくて聞いているのに、回答者は思い込みや言い訳を言うという「会話のズレ」が起こります。

つまり、「なぜ」と聞いた時に出てくるのは、「理由」ではありません。第一に「その人が理由だと思い込んでいること」、第二に「理由に見せかけた、自己防衛するための言い訳」なのです。

そして、これに気づかずに話を進めてしまったときに発生するのが「**会話のねじれ**」です。この聞く側と聞かれる側の間に生じる「ねじれ」こそがコミュニケーション不全の正体です。そして「なぜ質問」は、このねじれを引き起こす最も「たちの悪い」質問なのです。

こういった「会話のねじれ」は、特に「双方の立場に差があるとき」に発生しやすい傾向があります。前述のように上司と部下、先輩と後輩、親子、貸し手と借り手、教師と生徒など、聞く側と答える側の間に力関係や知識の差が存在する場合に特に起きやすいと言えます。こういった立場や知識に差があるコミュニケーションにおいてこそ、「なぜ質問」の危険性には特に留意しなければなりません。

会話のねじれを断つために「適切な質問」を

コミュニケーションギャップの問題はとても身近で、しかも多くの場合、深刻です。

一般には、コミュニケーションギャップは、立場や世代や文化的背景の違いから生じると考えられていますが、それもまた間違いです。**コミュニケーションの基本は対話です。**その対話が適切になされないために、聞く人と答える人の間に、ズレやねじれが生じることが、コミュニケーションギャップの出発点なのです。

ここまでの会話パターンの冒頭を見比べてみてください。いかに初めの質問が大切か、おわかりになることと思います。

対話は、どちらかが質問し、相手がそれに答えることから始まります。よい人間関係の基本には、よいコミュニケーションがあり、よいコミュニケーションの出発点には、良い質問があるのです。

そして、Side2の質問こそがよい質問の典型でした。「どうして?」と聞く代わりに、「いつ?」「その前は?」と単純に聞いていっただけでしたが、そこから先の展開は、全く別物になりましたよね。

実は、Aさんがしていた質問は、『なぜ』と聞きたくなったら、『いつ』と聞く」という、2章で紹介する事実質問の「基本公式」のひとつを使ったものでした。本書ではこのような公式を紹介しながら、良い質問のつくり方と使い方を段階を踏みながら伝えていきます。それが本書の柱になります。

ただし、それらを紹介していく前に、よくない質問について、もう少し見ていきましょう。私たちは、気が付かないままによくない質問をしていることがとても多く、この事実質問の基本を使うためには、まずそれに気が付くことが必要だからです。

「どうでした?」は相手に負担を与える

他にも、良くない質問の例としてあげられるのは、「どう?」を使った質問です。

「調子は**どう**ですか」
「今度のお仕事は**どう**ですか」
「彼を**どう**思いますか」
「この前の社内研修は**どう**だった」

などなど、日々の会話の中で使わないほうが珍しいほど頻繁に使われています。しかしよくよく考えてみると、この「どうですか」という質問には、大きな落とし穴があります。
それは、「**相手に負担をかける**」という点です。

例えばあなたが有給休暇をとった後、職場に戻ってきて、上司からこのように尋ねられたとしましょう。

「休暇は**どう**でしたか？」

あなたはどう答えるでしょうか。正直、困りますよね。どこで何をしたかを答えればいいのか、楽しんだかどうかを答えればいいのか、あるいは期間は十分だったかを知りたいのだろうか……と、一瞬戸惑うはずです。

つまり、「どうでしたか」という質問は、尋ねるほうは気軽に、安易に尋ねられるものの、答えるほうには手間のかかる、**面倒な質問**なのです。

「どう質問」に答えるのは意外に面倒

では逆に、あなたのほうが「どうでした？」と聞く時のことを思い出してみてください。何が聞きたいか、はっきりしていますか。

私の息子が小学校高学年の頃、休日の午後にサッカーの試合から帰宅したところをつかまえて、「試合はどうだった？」と聞いたところ、返ってきたのは「ビミョー」のひとことでした。その後、娘のほうにも試験のことを同様に「テストどうだった？」と尋ねたら、これまたぶっきらぼうに「ふつう」のひとこと。腹が立った私は、「お父さんがマジメに聞いているのに、お前らはそんな投げやりな返事しかできんのか」と怒ってしまいました。

しかし、よく考えてみれば悪いのは私の質問でした。本当に相手に関心があるのなら、別の問い方があったはずです。サッカーの試合に関心があるなら、「相手はどこのチームだった？」「勝ったの、負けたの？」「今日はどのポジションで出たの？」など、いくらでも質問は考えられます。そう問えば息子はもう少しまともに応じてくれたはずです。

つまり、質問はしているものの、なんとなく惰性でコミュニケーションを取ろうとしているだけで、**知りたいことが具体的に浮かんでいない**のです。

私のした「どう質問」は、「俺はお前のことにそれほどの関心はないのだけれど、挨拶代わりに一応聞いておこう」と捉えられかねない質問でした。自分の怠惰な思いが、子どもたちに暗に伝わってしまったに違いありません。これが家庭の外であれば相手はもう少し気を使った答えをしてくれるでしょうが、内心で生じていることはあまり変わらないはずです。

「どう質問」も、どうとでも答えられるだけに、相手を戸惑わせたり、確信のない答えを強要したりする可能性が高い、良くない質問です。

聞く側はつい、気楽に「どう」と聞いてしまうのですが、これに答えるのは意外に面倒です。聞く側の意図と、答える側の現実がかみ合わない質問なので、「どう?」と聞いたとたんにコミュニケーションのねじれが始まるわけです。

「問題は何ですか」は、ないはずの問題を生み出す

職場でも日常会話でも、何か良くなさそうなことがあると、私たちは、「何が問題ですか」などと安直に聞いてしまう習慣を強く持っています。たとえば次のような質問ですね。

「何か問題はありますか？」
「問題は何ですか？」

しかし、これも良くない質問のひとつです。安易な思い込みを導くという意味で、危険なのは、「なぜ」だけではありません。

ひとたび「問題は何ですか？」と聞いてしまうと、相手はありもしない問題を無理に作って答えてくれようと忖度します。

事例をひとつ紹介します。ある保健師さんの経験を基に構成したものです。

Side1　Oさんのお宅に訪問した保健師のMさん

M　こんにちは。保健師のMです。Oさん、お久しぶりですが、**最近お体の調子はいかがですか？**

O　ありがとうございます、なんとかやってます。でも最近、よく薬を飲み忘れて、認知症かも……。

M　そうですか。それは心配ですね。来週、公民館で認知症予防教室があるのですが、Oさんもいかがですか？

O　そうですか。ありがとうございます。考えておきます。

Mさんの「最近お体の調子はいかがですか？」という最初の問いかけは、自然な語りかけに思えます。一見、良い会話のように映りますよね。

しかし、Oさんはこの認知症予防教室には来てくれなかったそうです。それどころか、後でわかったことですが、薬を飲み忘れたのもたった一度きりで、記憶もピンピンしていたそうです。なぜ、このようなことが起きたのでしょうか。

相手への「忖度」が余計な問題を生む

実は、ここで発生しているのが「忖度」です。

「最近お体の調子はいかがですか？」という質問についてよく考えてみましょう。Oさんの気持ちになって考えてみてください。「保健師のMさんが、**自分の家まで、わざわざ来てくれた**」というシチュエーションでこのように聞かれたら、あなたはどう反応しますか。

きっと「保健師さんがわざわざ来てくれて、体調を心配してくれているのだから、**何か言わないと相手に悪い**」と考えてしまうのではないでしょうか。


つまりこの質問は、実質的に、「問題がどこかにあるんじゃないですか？」と聞いているのと変わらないのです。

聞く側は、「相手の問題を知って役に立ちたい」という思いでこう聞いたのですが、聞かれた側はその気遣いに応えないのもなんだか悪いと思い、それらしいことを答えようとしたのです。つまりMさんは、結果として気を遣わされてしまったのです。コミュニケーションのねじれがここでも生じています。

Oさんは親切心から、認知症の話を持ち出したのでしょう。それに対してMさんがすぐに提案してしまったものだから、Oさんは、そのことについて深く考えることもなく、「考えておきます」と答えたのです。

これは、相手の問題や課題について、こちらから直接水を向けるのと同じ結果をもたらしています。つまり、「問題は何ですか」と聞いてしまうと、**「なかったはずの問題」が生み出されてしまう**のです。こういうやり方で認知症予防教室への勧誘をしたとして、何人が実際に足を運んでくれるでしょう。何人が真面目に聞いてくれるでしょう。こういうやり取りを繰り返すことで、MさんとOさんの信頼関係が深まるとは考えられません。

こういうことが特に起こりやすいのは、**質問する側が、相手を補助したり指導したりする立場にある場合**です。上司と部下、指導担当の先輩と後輩、教師と生徒、医師と患者、ボランティアと支援対象者、などがこれに当たります。相手の問題を巡ってやり取りする関係が前提となっている場合、どうしても前のめりになって問題を聞き出そうとするからです。

本来、もし相手がこちらに聞いて欲しい問題があるのであれば、必ず相手から語り始めるはずです。だから、他者を手助けするためには、問題についても、こちらからは直接には尋ねないほうがいいのです。

例えば、上司による部下に対する面談、先輩が後輩の相談に乗る場合などでも、同じことが起こりえます。なかったはずの問題を「質問によって生み出す」ことがないように、細心の注意を払う必要があるということです。

「ご意見をお聞かせください」は、ない意見を語らせる

次のような質問はすべて、相手に意見を尋ねる「意見を聞く質問」ですね。


「それについて、**どう**お考えですか？」

「**どう**すればいいと思いますか？」

「**どんな感想を**お持ちですか？」


私たち現代人、とりわけ民主主義社会に生きる人々の間には「他者の意見を聞かなくてはならない」という思い込みが強く染み付いています。

上司が部下に、教師が生徒に、ソーシャルワーカーが困窮者に、ジャーナリストが市民に、そして親が子どもに……何かと言えば、「本人の意見を尊重」「住民の意見を聞く」な

など「個々人の意見の傾聴と尊重」が金科玉条になっています。

しかし、直接意見を尋ねるのは基本的にはすべて、良くない質問です。

例えば、次のように聞かれたとします。


「地球温暖化について、**どう**お考えですか？」


あなたなら、これにどう答えますか。正直、「深刻だよね」くらいの答えしか、すぐには出ないのではないでしょうか。

しかしこれは、別に恥ずかしいことではありません。人は基本的に、自分に興味のないことや直接の利害関係のないことに対しては、取り立てて意見を持っていないものです。

にもかかわらず、意見や感想を聞かれたら、多くの人は断るのは面倒なので、**相手に合わせて適当に答えを作ってしまいます**。その場その場で適当に考えるので、前に言ったこととと食い違ったり、矛盾したりすることもよくあります。いい加減だったり、出まかせだったり、ある時は、切実な訴えであったり、信念であったり、確信を持った見解だったりと、まさに玉石混淆、ピンからキリまでです。

でも尋ねるほうは、それがどれに相当するのか、気にしませんし、気付きもしません。どれに当たるのかを判断する基準も持たないまま、何か答えてもらったことで満足し、鬼の首を取ったようにそれを振りかざすだけです。

「いつも」「みんな」と抽象化して聞いてはいけない

次のような質問も良くない質問の一種です。

「通学路では、**いつも**車に気を付けてる?」
「クラスの**みんな**と仲良くしてる?」
「朝ごはん**しっかり**食べてる?」

これらのような質問を私は、「**いつも質問**」と呼んでいます。

では、どこが良くないのでしょうか。次の会話を見てみてください。

Side1　部長と新入社員の面談

部長　悩み事があったら、**いつも**誰に相談していますか？
新入社員　課の先輩方に相談しています。
部長　先輩の皆さんは、**いつも**いいアドバイスをくれますか？
新入社員　はい、親身に教えてくれます。
部長　そうですか。**しっかり**学べていますか？
新入社員　はい、よく学べています。
部長　それはよかった。これからも頑張ってください。

皆さんは、この会話に何か問題があると感じるでしょうか。「問題はなさそう」と感じる人は、多いかもしれません。
しかし、実を言えばこの面談は、非常に稚拙なものです。次の会話を見てみてください。

Side2 部長と新入社員の面談

部長　悩み事があったら、いつも誰に相談していますか？
新入社員　課の皆さんに相談しています。
部長　そうですか。では、**直近は**誰に相談しましたか？
新入社員　そういえば直近は、隣の部署のEさんに相談しました。
部長　なるほど。では、**その前は誰に**相談したか、覚えていますか？
新入社員　その前は確か、隣の部署のF先輩だったと思います。
部長　わかりました。では、同じ課の先輩に**最近**相談したのは、**いつ**ですか？
新入社員　あれ……思い出せないです。
部長　ではあなたの課で、そういう話ができる方はいますか？
新入社員　そういえば、いないかもしれません。

いかがでしょうか。Side1とは全く違う景色が見えてきましたね。実は新入社員のいる課の先輩たちは、あまり新入社員の相談に乗っていなかったのです。ただここで特筆すべきは、他ならぬ当事者である**新入社員自身も、そのことに自覚的ではなかった**ということです。

「思い込み」を事実と見誤ってしまう

「いつも質問」の問題は、事実を正確に引き出すことができない点です。「いつもは」「普通は」「一般に」などなどを使った質問は、事実を尋ねているようでいて、実は、全く違うことを尋ねているのです。

例えば、「みんな」という言葉について考えてみましょう。「みんな」は誰を指しているでしょうか。少し考えてみると、実際には誰のことも指しておらず、課のメンバー全員をおおざっぱにひとくくりにした言い方だということがわかると思います。

同じように**「いつも」「普段は」あるいは「日本人は」「この会社の人たちは」などの「一般化した言い方」も、すべて同様に相手の思い込みを尋ねているにすぎません**。つまり、これらの言葉もまた相手の思い込みを誘発することで、「会話のねじれやズレ」＝コミュニケーションギャップを生じさせるのです。

さらには、質問中の「しっかり」とか「親身に」という言い方も、聞いている側と聞かれている側の間に何の定義も基準もないものなので、同様にズレをもたらします。

では、「いつも質問」それ自体がダメかというと、そういうわけではありません。問題は、**「この聞き方で、事実を聞けている」と勘違いしていること**にあります。自分が事実だと思っていても、相手は「思い込み」を答えているのに過ぎないとしたら、それが致命的なズレとなります。

しかも厄介なのは、回答者（この場合は、新入社員）も、事実を答えているつもりでいて、実は自分が思い込みを答えてしまっているということに無自覚な点です。

こういった会話は、実は「なぜ質問」よりも重大なトラブルを引き起こす可能性を秘めています。一見、コミュニケーションが円滑に進んでいるように見えてしまうので、質問者・回答者双方の目を曇らせてしまうことにつながるからです。

「事実をつかんでいるつもり」な状態ほど、キケンなことはありません。「思い込み」を事実だと誤認してしまえば、大きな判断ミスにつながることすらあります。
解釈を事実と混同してしまう。これこそ、世の多くの人が陥っている、最大の落とし穴なのです。

よくない質問はすべて「思い込み質問」である

「なぜ質問」（＝「なぜ・どうして質問」）
「どう質問」
「問題を聞く質問」
「意見を聞く質問」
「いつも質問」

良くない質問として挙げたこれらの質問には、共通する要素があります。それは、どれも**相手の「思い込み」を誘発する**ことです。ですから、これらの質問を、一括して「思い込み質問」と呼ぶことにします。自分の質問が「思い込み質問」であることに無頓着なままに尋ねてしまうと、思わぬ問題を引き起こすわけです。

「思い込み質問」をしている人は、そもそも自分が思い込みをしていることに気づいていません。また、返ってきた回答が相手の「思い込み」であることにも、気づけていないのです。


他にも、「思い込み」がキケンな事例について考えてみましょう。

例えば、あなたがインフルエンザにかかったとして、「なぜ」かかってしまったのでしょうか。きっと、「昨日手を洗わなかったから」「寝不足が続いたから」「日頃の行いが悪かったから」……などといった、有象無象の理由を思いつくと思います。

しかし特定の個人が実際に発病するに際しては、その人を取り巻く衛生状態や気候などの外部環境要因と、体質や体力あるいは生活習慣などの内的な要因の両方が複雑に絡み合って、病気として顕在化するに過ぎません。

それなのに、私たちは、すぐに「なぜ」を問い、そこから安直に導かれた因果関係を自分の都合のいいように解釈したがります。「いつも質問」や「なぜ質問」に答える形で出てくるような、安直な因果関係の解釈など全く通用しないのに、です。

「物事には因果関係がある」という思考の罠

とりわけ、人はよい結果、望ましい出来事については、自己の内側、つまり自分の努力や能力という要因に光を当てたがり、逆に、悪い結果、望ましくない出来事については、外部環境や他者のせいにしてしまいがちです。

私は学生時代、マージャンに熱中した時期がありました。勝ったり負けたりの繰り返しでしたが、大勝ちした時の感想は「今日の俺は強かった」に尽きました。

他方、大負けした後の、帰り際に仲間と交わすひとことは、いつも決まっていました。

「今日はツキがなかった」

勝った時には、自分が強かった、すなわち、当然のごとく自分の能力にその要因を求めます。ゲームに負けた際に、ツキのなさのせいにしたことのない人がいるでしょうか。

心理学や精神医学などの人間の心を研究する科学によれば、このような性質は、私たちにもともと備わっている精神の自己防衛システムで、ある意味重要な役割を果たしていると考えるようです。心理学では認知バイアスと呼ばれる脳のメカニズムです。その一方で、これが働いてしまうために、自分の問題の原因を冷静にかつ客観的に分析するのは、本人が考えているよりはるかに難しくなるわけです。

その意味では、「物事には因果関係がある」という信念自体が大きな思い込みと言えます。その思い込みの上に立っているから、「なぜですか?」とつい聞いてしまうのです。

例えば、私がガラスのコップを床に落としてしまい、割れたとしましょう。ここでは、「落としたら割れた」が事実です。「落としたので割れた」は事実ではありません。実際にやってみるとわかるのですが、数十回に一度くらいは割れないことがあります。つまり「落としたら割れる可能性が高いが、その確率は時と場合による」のです。

だから科学者は、どの程度の強さで、どのような角度で、床のどこに落ちたのか、を調べることによって、この現象を詳しく把握しようとします。そのためには具体的な事実を淡々と記述していくしかないのです。

「なぜ？」という問いには、物事には因果関係が存在するという無意識の思い込みが潜んでいます。それを使わないように意識することで、因果関係の罠から抜け出すことができるのです。

つまり最も疑うべきは、私たちの頭に染み付いている「○○だから△△になる」という考え方そのものなのです。

「思い込み質問」を排除して会話する方法

ここまでの話をまとめてみましょう。

「思い込み質問」の主な欠点は、次のページの通りです。

総括

「思い込み質問」は、3つの会話のねじれを引き起こす。

1 **「思い込み」を引き出し、誤った問題認識や課題分析に繋がる**
↓ 後述の「空中戦」を引き起こします。

2 **相手の言い訳を誘発する**
↓ 特に「なぜ質問」に顕著です。

3 **相手に「忖度」を強要する**
↓ 力関係が強い場合、特に起こりやすくなります。

ひとつひとつ改めて見ていきましょう。

1 「思い込み」を引き出し、誤った問題認識や課題分析に繋がる

「なぜ質問」は、原因や理由を聞いているようで、実は、「なぜだと思う?」というふうに

相手の「考え」を聞いています。結局はこれに尽きます。

しかし人間である以上、とっさに思い込みが出てくるのは自然なことです。ゆえに、「なぜ？」と聞くことで本当の原因が明らかになると思っているのであれば、それこそがたいへんな思い込みです。

思い込みに満ちた答えを取り上げてやり取りをしたところで、現実に立脚した適切な問題把握や分析が進むことは全く期待できません。これが次章で説明する会話の「空中戦」を引き起こす主な要因です。

本当の原因や理由が知りたい時こそ、直接それを聞く「なぜ質問」は使うべきでないのです。

2　相手の言い訳を誘発する：特に「なぜ質問」に顕著です。

思い込み質問、とりわけ「なぜ質問」の重大な難点は、**言い訳を誘発する**ことです。

言い訳は言うほうにとってもそれを聞かされるほうにとっても、ストレス以外の何ものでもありません。それなのに私たちはつい安易に「どうしてやらなかったの？」「なぜそうしたの？」と聞いてしまうのです。

前述のように、人は自分のあまり良くなかった行いや状態に関して「なぜ」と聞かれると、つい言い訳するようにできています。喉元まで出かかったところで、抑える場合もありますし、つい言ってしまうこともあるでしょう。

世界には、日本のように、言い訳を口に出すのは大人げない、はしたないとする文化もあれば、臆面もなく言い訳してもあまり問題にならない文化もあります。ただし、「なぜ」と聞かれれば、言い訳が喉元まで出てくるという人間の心理的な仕組みには何ら変わりはありません。

その結果、どんな問題が起こるのでしょう。その代表は、親子の会話のところで紹介した「会話のねじれ」です。

会話のねじれは、関係のねじれに確実に繋がります。親子間で言い訳の強要を繰り返していては、親子間といえども、信頼関係は徐々に損なわれていきます。コミュニケーション不全が高じると、やがては関係が崩れていくのです。上司と部下、先輩と後輩、教師と生徒との間などではパワハラとさえ感じられるかもしれません。

力を持つ側から力を持たない側に対して投げかけられるこうした質問は、尋ねられるほうには、過剰なプレッシャーがかかるからです。

す。

3　相手に「忖度」を強要する：力関係が強い場合、特に起こりやすくなります。

「思い込み質問」の最後の欠点は、相手にいわゆる「忖度」を強要する恐れが強いことです。

「なぜ質問」はもちろんですが、「どう質問」「意見を聞く質問」「問題を聞く質問」のいずれでも、聞かれたほうは、相手の顔色を見ながら、ないものを作って答えようとします。相手に合わせて、持っていない意見や感想を作ったり、それほどでもない問題を言い立てたりしがちです。保健師さんに体調を聞かれたOさんの場合などがその典型です。

また夫婦関係や恋人関係においては、特にこういった「忖度」への感受性が必要になります。忖度させる側とさせられる側との間に、良い関係が生まれるはずがありません。

ここで特に注意したいのは、「力関係は常に固定されているとは限らない」という点です。時には対等な関係、例えば友人同士の間でも、相談に乗る場合や、扱っていることについて得手不得手や知識に差がある場合などには、力関係が微妙に変化します。そのことに鈍感なままになされる「思い込み質問」が、結果として会話の豊かさを損ねたり、関係の軋《きし》みを招いたりすることも大いにありえます。

聞いているほうが相手の忖度に気づかないままに答えを真に受けてしまい、それを基に続けていく会話の行く先には、ネガティブな結果が待ち受けているだけです。

「なぜ」を使ってもいいのはいつ？

では、「なぜ質問」は、使ってはいけないのか。

先に断っておくと、「なぜ質問を使うべきでない」のは、あくまでも「会話の中で」ということです。前述の通り、「解釈のずれ」を引き起こし、会話のねじれを発生させるからです。

したがって、個人の日記やメモの中で使うのは、問題ありません。一人で思考を深める過程なので、誰かと解釈のずれが起きることはないからです。

また、理科や数学など、科学的なメカニズムを扱うやり取りの中で、「なぜ？」と問いかけるのは、「なぜ質問」の正統的な使い方です。例えば、理科の教師は、生徒を連れて山を登りながら、「標高が高くなると気温が下がるのはなぜだろうね？」などと問いかけ、生徒に考えさせながら、科学的な対話を通してメカニズムを解説していきます。こういった場合には、自由に考えたり、様々な解釈をぶつけ合うことそれ自体に価値があるので、問題ありません。

それに対して、私たちの日常のやり取り、つまり会話の中で「なぜ質問」を使うのは全く推奨できません。

ちなみに、「**会話**」と「**対話**」の違いについての私なりの理解もここでお伝えしておきます。

対話と言った場合、質問と答えの応酬を柱にしたやり取りを指します。基本的には1対1で向かい合って行うのが対話です。本書で扱うのは、問いと答えの応酬を柱とする対話の手法・技術です。当然ながら、質問術がその中心となります。対話は質問から始まるのですから。

一方、**会話**は、自慢話や愚痴など、相手が聞いているかどうかはおかまいなしの、勝手なおしゃべりも含む、人と人との言葉を通したやり取り全般を指します。人数も二人に限りません。可能な限り膨らんでいくこともあるでしょう。

目的を持たないおしゃべりの中でなら、「なぜ質問」には禁止しなくてはならないほどの害はないかもしれません。ただし、おしゃべり中心の会話であっても、特定の目的や意図を持って「なぜ、どうして」と聞くのはできるだけ控えるようおすすめします。「なぜ質問」のクセがつくと、いざという時につい出てしまうからです。なお本書では、対話と会話を厳密に区別せず、文脈に応じて使い分けていることをお断りしておきます。

第1章

「事実質問」は最良の知的コミュニケーション

質問は「事実」「解釈」「感情」の3つに分けられる

本書でこれから紹介していく質問術は、「思い込み質問」が生み出す3つの「会話のねじれ」を克服して、誠実かつ論理的な対話を行うためのものです。

では「思い込み質問」が「会話のねじれ」を生み出してしまうのは一体なぜなのでしょうか（いきなり「なぜ?」と聞いてるじゃないかと苦笑している方もいるかもしれませんが、こういった場合は差し支えないことは説明の通りですね）。ここからは質問についてもう少し深く考えながら、その謎を解明していきたいと思います。

ここでのキーワードは、「実はすべての質問は3種類に大別できる」ということです。まずはそのヒントとなったエピソードを紹介していきましょう。

2002年の初め頃、私は、バングラデシュで、ある国際協力NGOの現地人スタッフ10名ほどに対して、農村インタビューの研修を行いました。その時のことです。

私はまず参加者のひとりに質問しました。

「あなたが好きな朝ご飯はなんですか?」……①

一番前に座っていた女性、シリンさん（仮名）が、答えました。

「ごはん（お米）です」

私はさらにたずねました。

「では、**普段**、あなたは何を食べていますか?」……②

「ごはんです」

そこで私は、質問を変えてみました。

「**今朝**、**何を**食べましたか?」……③

するとシリンさんは、

「パンです」と答えたのです。

他の参加者からクスクス笑いが漏れました。

私はさらにその線で聞き続けました。

「では**昨日の朝**は何を食べましたか?」

「パンです」
「**一昨日**の朝食は？」
シリンさんは苦笑いしながら答えました。
「パンでした」
会場は爆笑に包まれました。

さて、ここでのやり取りにおいて、私は朝ごはんに関連して3つのタイプの質問をしたのですが、おわかりでしょうか。

1番目は朝食は「何が好きか」。2番目は朝食には「普段、何を食べるか」。3番目は朝食に「今朝、何を食べたか、昨日は、そして一昨日は」というように順に聞いていくものでした。

先に説明してしまうと、第1番目は、好き嫌いなどの「感情、あるいは気持ち」を尋ねるための質問でした。

では、「事実」を尋ねるための質問はどれでしたか。そう、3番目ですよね。では、2番

質問は3種類ある

① 朝ごはんは何が好きですか？

感情質問 ＝ 気持ちや感情を尋ねる

② 朝ごはんにはいつも何を食べますか？

思い込み質問 ＝ 意見や考えを尋ねる

③ 今朝は何を食べましたか？

事実質問 ＝ 事実を尋ねる

目の質問は一体何を尋ねる質問だったのでしょう。シリンさんの答えは一体彼女のなんだったのでしょう。

言うまでもありません。これまでに何度も出てきた「思い込み」です。つまり、2番目の質問は、「思い込み」を引き出す質問だったのです。

朝ごはんを巡る3つの質問の種類を改めて整理しなおすと、上の図のようになります。

②のように聞かれた場合、人はむしろ、その人の考えや意見を述べてしまいます。「自分は朝食にはいつもごはんを食べている」というのは、彼女の考えにすぎず、少なくともここ二、三日ほどの事実ではありませ

んでした。それなのに彼女は、自分は事実を述べていると思い込んでいました。つまり一種の錯覚です。そしてこの錯覚こそが、多くの人が無意識に陥っている、コミュニケーションのずれを起こす「曇りガラス」の正体なのです。

2番目の質問は一見すると事実を尋ねているようでいて、実は、「朝ごはんにはいつも何を食べている**と思いますか**」の**『思いますか』に当たる部分が省略されています**。これは「いつもは」「普段は」「みんなは」など、一般化された質問もすべて同じです。

朝ごはんにはいつも何を食べていますか

＝

朝ごはんにはいつも何を食べている**と思いますか**

「〜と思いますか」と尋ねられたら当然、私たちは自分の考えを述べようとします。その際、相手に合わせたり、あるいは自分の都合のいいように改ざんしたりしながら答えを作っていきます。これが、「なぜ質問」に代表される「思い込み質問」の特徴です。

「事実を尋ねているつもり」が引き起こすズレ

バングラデシュやネパールの村に行き、現地の農民相手に、かつて私は毎回尋ねていました。


「皆さん、暮らしぶりは**どう**ですか？」

「今年のお米のできは**よかった**ですか？」

「農業協同組合がうまくいかないのは、**どうして**ですか？」

「銀行から借り入れができたら、**何に**使いますか？」


これらは一見事実を尋ねているように思えますが、よく考えてみれば、どうとでも答えることができる、一般的な質問に過ぎません。私は、相手が私の知りたいことをそれなりに教えてくれることを期待していたわけですが、現実は、そんなに甘くありません。

相手は、私や周りの人の顔色をうかがいながら、私たちを喜ばせる優等生的な答えを適当に作り上げるだけでした。あるいは、援助が増えることを期待してのことでしょう、事態を大げさに伝えてくることも頻繁にありました。

つまり、その答えは事実を軸としたものではなく、答え手の、思い込みや考えが強く反映されたものになります。そして、そこには聞く側と聞かれる側の関係、**特に力関係が反映しがち**です。つまり「忖度」が働いていたわけです。

それなのに、私は、現地の人々との対話と称して、村人や地域の人々、あるいはNGOのスタッフを相手にずっとこんなことをやっていました。こんなあいまいでいいかげんなやり取りを百万回繰り返しても、村人の現実が見えてくるはずがない。目の前に霧がかかるのは、あまりにも当然だったのです。

さて、少し話が逸れてしまいましたね。では、「会話のねじれ」を生み出さないために重要なのは何でしょうか。ここまで読めばもうおわかりのはずです。

それは、②思い込み質問を極力排除し、③事実質問に絞って、対話を進めることです。①

感情質問の取り扱いについては、後で述べます。

思い込み質問の対極が「事実質問」

先ほどの3種類の質問について、私たちに身近な日常のシーンで理解を深めてみましょう。

まず、②思い込み質問と③事実質問は対極の関係にあります。

次の2つの質問方法を比べてみてください。

語学学校で働いている20代後半の女性Aさんが、友人のBさんに打ち明けました。

Side 1

A　私、転職を考えているんです。

B　**なぜ**今のところに就職したの？

A　英語が好きだったから、語学に関われるところがいいと思ったんです。

B　次もそういうお仕事をしたいのね？

A　そう思ってます。

B　じゃあ、いくつか私の知っているところがあるから、紹介しましょうか

A　ぜひお願いします。

どこにでもありそうなやり取りですね。しかし、このやり取りは本当にAさんの役に立つでしょうか。ここまで読み進めていただいた皆さんなら少なからず、これが「思い込み」である可能性に気づいているのではないかと思います。

では次のやり取りはどうでしょう。同じ会話シーンですが、質問の仕方を変えて、友人Cさんとのやり取りです。

Side 2

A　私、転職を考えているんです。

C　今のところに就職したのは、**いつ**でしたか？

A　大学を出た時です。

C その際には、**何社**くらい受けたんですか?

A 4社です。

C 最初に合格通知が来たのは、**どこ**でしたか?

A 今の語学教育の会社です。

C **他の**会社の仕事も、英語に関係がありましたか?

A 1社は少しありましたが、そういえば残りの2社は、全く関係ありませんでした。

C とすると、今の会社に就職を決めた決定打は、**何**だったのでしょう?

(Aさん、少し考える)

A そうか、よく考えたら、英語に関係あるからというより、最初に内定をもらえたんで今のところにしたのでした。

C 次の候補としても、英語に関係のあるところを探していますか?

A いや、まだ探してないのですが、特にそれにこだわる必要はないような気がします。自分は本当はどんなことをしたいのかをもう少し考えながら、視野を広げて転職先を探すことにします!

また結果が大きく変わりましたね。Ｓｉｄｅ２のやり取りを見れば「自分は英語に関係のある職場で働きたい」という答えは、実はＡさんの「思い込み」に過ぎなかったことがわかります。その思い込みを信用したＢさんは、そのような前提に立って「次もそういうお仕事をしたいのね」と確認し、英語に関係のある職場を紹介することにしてしまいました。

でも、その先に待っているのは、「実は心の奥では『英語にこだわらないで視野を広げたい』と思っているのに、それに無自覚なＡさん」と、「Ａさんの思い込みを真に受けていろいろと紹介してくれるＢさん」との間の食い違い、つまりコミュニケーションのねじれです。

では、Ｓｉｄｅ１の「なぜ今のところに就職したの？」という質問が引き出したのは何だったのでしょう。これこそが、Ａさんも自覚していなかった、Ａさんの思い込みです。

さらにＡさんは、その思い込みで自分を縛り、他の選択肢、つまり自由な発想を奪われることにもなりかねませんでした。「なぜ？」という質問は、Ａさんが語学学校に就職した際の「本当はなかった理由」を作らせてしまったのです。

では、うまくいっているＳｉｄｅ２の対話例を、事実質問の観点から見てみましょう。

まず、Cさんの、「就職したのは、いつでしたか?」という最初の質問は、「いつ」という疑問詞を使い、しかも、「就職したのは」という過去形で聞く質問です。詳細は2章で紹介しますが、これは事実質問です。「何社くらい受けたんですか?」と「最初に合格通知が来たのは、どこでしたか?」も同様です。知ってさえいれば答えられる、解釈の入る余地のない事実ですから。

「他の会社の仕事も、英語に関係がありましたか?」は、Yes/Noで答えるパターンの過去形の質問です。「英語に関係があるかどうか」自体はこの時点ではAさんに解釈を委ねる側面があるものの、詳しく聞き込んでいけば事実を確認できる質問です(今回はその事実を確認する必要がなかったので聞くに至りませんでした)。

つまり、ほぼ事実しか聞いていないのです。

Cさんが事実を淡々と聞いていくことで、Aさんはこれまでの経緯をすっきり浮かび上がらせることができました。その結果、彼女の仕切り直しを手伝うことができたわけです。

こうして浮かび上がった事実をもとに、二人はより建設的な話ができるようになりました。お互いに、知り得なかった新しい情報に気づき、互いの人間関係もより深まっていると思いませんか。

解釈がぶつかり合うと会話が「空中戦」になる

繰り返し述べてきたように、この手法の根幹をなす考え方は、一般化された質問＝「思い込み質問」は、一見すると事実を尋ねているように見えるものの、現実には相手の考えや意見、さらには思い込みなどの「解釈」を引き出してしまう、ということです。

この考え方は、一対一の対話の応酬においてだけではなく、様々な場面に当てはめることができます。

その代表的な場が会議です。

例えば、課内のリーダー会議で、課長が次のように問題提起したとします。

課長　新人にやる気を出してもらうには、どうしたらいいと思いますか？

次長　そもそも、やる気がないのは、どうしてなのでしょうかね？
中堅社員　指示待ちの姿勢が続いているからではないでしょうか？
ベテラン　いや、私はそうは思いません。私が思うに……

意見と意見の応酬が始まりました。最初に誰かが「（事実に基づかないが）もっともらしく聞こえる考えや意見」などを語り始め、他の誰かがそれを受けて賛同したり反論したりするが、これまた自分の考えを語っているにすぎない……というパターンです。

会議の進行手法などを扱うことの多いビジネスファシリテーションの分野では、このような上滑りするやり取り、抽象的で観念的、実りのない議論のための議論を、「空中戦」と呼ぶことがあります。

それに対して、常に事実に基づいて進められる、地に足の着いたやりとりを「地上戦」と呼びます。戦争用語を使うのはなるべくなら避けたいのですが、対話の分析において最も重要な考え方をわかりやすくかつ覚えやすく示したパワフルな表現ですので敢えて使わせてもらいます。つまり今回であれば、「会話の空中戦」が始まったわけです。

空中戦	地上戦

「なぜ？」「どう？」「いつも」「みんな」	「いつ」「どこ」「何」「他に」
➡ 抽象的 実りのない対話	➡ 現実に立脚 地に足のついた対話

こうなってしまうと、「なんか抽象的な議論が行き来していて、焦点がしぼれないなぁ」と感じている参加者をしり目に、空中戦が好きな数人が延々とやり取りをすることになります。会議のリーダーがこのタイプだと、絶望的ですよね。

やがて、参加者の多くは結論の出ない会議に疲れ果て、なし崩し的に、声の大きい人の意見に賛同して会議が終わるということになるのです。

皆さんにもこのような、苦い経験が必ずあるはずです。折に触れてはこの「空中戦」の虚しさを実感されている方もおられることと思います。

事実の力で、浮き上がった会話を「地上」に戻す

先ほどのリーダー会議のやり取りを子細に見ながら、「空中戦」の引き金を引いたのは、誰のどの発言か、考えてみてください。すると、それは実は最初に課題を提起した課長ではなく、そうした「考え」や「意見」に基づく発言に対して同じく「考え」で応じた人だということがわかります。この場合は、「やる気がないのは、どうしてなのでしょうかね？」と応じた次長でした。

このような空中戦を、地に足の着いたやりとりに戻す、つまり地上戦に引きずりおろすのは容易ではありません。しかし、事実質問術を習得すれば、うまく対応できるようになります。

空中戦に持ち込ませたくないのであれば、誰かが、そういう発言の先手を打って、議論を地上に引きずりおろすことが必要になってきます。例えば先ほどの会話例で言えば、課長が「新人にやる気を出してもらうには、どうしたらいいと思いますか？」と問題を提起した瞬間です。その瞬間にすかさず、次のように聞くのがよいでしょう。

「課長は**誰と誰を**新人と想定されていますか？」

「例えば**最近**どういうことがありましたか？」


それに対して具体例を挙げてくれたら、さらに、

「それは**いつ**ですか？」

「**誰が**そう言ったのですか？」

「**前にも**同じようなことがありましたか？」


などなど、単純な事実質問を続けていくのです。強い言葉に感じさせてしまうかもしれないので、「支障ない範囲で構いませんので」のような言葉を添えるとなお、いいでしょう。

ただ実際は、最初の事実質問だけで空中戦を防ぐには十分なことがほとんどです。それほど執拗にやらなくとも、後は他の人が地上戦を引き取ってくれるはずです。

理屈から言えば、このように単純な事実質問を続けていくといいのですが、実際にやれるようになるには、準備と練習が必要なことはおわかりだと思います。

ですからまずは、会議や議論の場に臨んだら、とにかくこの**「空中戦と地上戦」の違いを意識する**ように努めてください。そして「あっ、このままだと空中戦になるな」と思ったら、心の中で、先ほどのような質問を試みる程度で十分です。当面は観察に徹しながら、機会を待つというのでよいでしょう。事実質問の第一歩は、観察から始まります。

解釈は無数、事実は1つ

これまでの会話例を見れば、事実質問を繰り返した結果、事実と自分の認識・意見の間に差があることが、徐々に浮き彫りになってきたことがわかります。序章の会話例で「ミスが続いていた」B君も（P19）、「今の会社に就職したのは、英語に関係のあるところで働きたかったから」と思っていたAさん（P69）も、事実を淡々と確認していくと、全然そうではなかったことに自ら気づいたのでした。事実かどうかをひとつひとつ確認していく過程で、自分の気づかない認識のずれに気づくことができたのです。

このメカニズムについて、ここで一度詳しく説明しておきましょう。

そもそも、人の認知・記憶には限界があります。時間が経つにつれて、記憶は覚えやすいよう、都合のいいように改変され、人はそれを事実と思い込んでしまいます。これは人間なら誰しも仕方のないことです。

そこで必要になるのが、**改めてもう一度、事実を淡々と確認すること**です。自分が事実と思っていたことが、実は事実ではなかった、という確認をひとつひとつ重ねていくにつれて、人はやっと事実と認知の違いに向き合うことができます。

事実だけはいつまで経っても「変わらない」

時間経過によって、人の認知はズレていきます。しかし、**事実は時間が経っても永久に変わりません**。つまり変わらない事実さえ確認すれば、**当時と同じ認知が浮き上がってきます**。同じ人が同じ事実を再度見ているわけですから、これは自然なことです。

「事実質問」はこの過程を実現します。事実を一つひとつ確認するプロセスにより人はようやく、徐々に自分の認知・記憶が思い込みだったということに気づいていきます。つまり、「事実を淡々と確認する」ことこそが、**思い込みから抜け出す唯一の方法**なのです。「なぜ?」と聞かれると、人は思い出す前に考え始めます。すると、そこには、都合のいいように改変された思い込みが侵入してくるため、「なぜ」の答えは、その改変によって歪められたものになります。

それに対して、事実を尋ねられた場合は反応が異なってきます。例えば「**いつ**?」に代表される単純な事実を聞く質問に答えようとすれば、人は、思い出すことから始めざるをえません。

「いつ?」には、勝手な思い込みが侵入するチャンスはほとんどありません。忘れてしまっていることはあるかもしれませんが、思い出せる範囲であれば、事実を正確に思い出すことで、歪みのない現実が浮かび上がってくるのです。

「解釈は無数、事実は1つ」。事実だけを確認すれば、会話のねじれが起きることは、理論上ありえないことがわかると思います。

こうした仕組みに立って事実質問術の本質をひとことで表すなら、「**考えさせるな、思い出させよ**」という大原則に集約できます。この原則を、ぜひ覚えておいてください。

「事実を淡々と積み重ねる」は、解釈を揃える唯一の方法

まとめていきましょう。

思い込み質問の対極にあるのが、事実を聞く質問、つまり事実質問です。

そして、その事実質問の使い方や組み立て方を体系的に整理したものを、本書では事実質問術と呼びます。

事実質問術を使う目的は、大きく以下の2つです。

総括

①会話のねじれを起こさないよう、対等で率直、かつロジカルなやり取りを進めることで、人間関係をよりよいものにしていくこと

②やり取りを通じて、抱えている問題を冷静かつ客観的に分析しながら、より現実的で効果的な解決方法へと対話を導くこと

事実質問術を使うようになると、ものの見方や、会話のやり方、そして、やがては他者との関係が大きく変わってきます。それにより、以下のようなメリットが得られます。

・事実のみに光を当てることで、「思い込み」「記憶違い」を排除し、事実を最速で正確に確認することができる

最大のメリットです。現状把握や課題分析を妨げている「思い込み」や「記憶違い」に気づき、必要に応じてそれらを排除できるようになります。速く、正確に思考を深めることができるとともに、狭窄していた視野を一気に広げる効果も得られます。

会話や文章の中で、これまで混同して使っていた、事実、考え、気持ちを瞬時に区別できるようになり、目的や場面に応じて使い分けられるようになります。同時に、人の話を聞いたり、文章を読んだりする場合も、明確に区別して読む癖が付くので、理解力と把握力が増します。

・人間関係が改善される

家族、親戚、友人などの親しい間柄でも、事実質問をベースに話をしてみると、「あれ、実はそうだったの？」というような気づきがたくさん起こります。また、特に初対面で話の切り口に困るようなときでも、まずは事実質問から話を始めてみることで話題が広がり、思いもよらない話題が膨らんで場が盛り上がることがあります。

人は聞かれなければ自分のことはなかなか話しませんが、実は互いのことをよく知ってみると、意外と気が合うということもよくあるものです。事実質問は、互いの距離感にいい影響を与えるとともに、人間関係を好転させる最短の道でもあります。

・事実を提示されるのみなので、相手がストレスを感じにくい

事実質問は、相手に考えさせるのではなく、思い出してもらうものなので、ストレスを感じさせないやり取りができるようになります。「刑事の取り調べみたいで怖い」と思うかもしれませんが、実は、やってみると意外とそうでもないことがわかります。これについては3章で紹介します。

・相手が自分で答えを得るので、相手の行動変容につながりやすい

事実の発見と共有に努めるうちに、相手は自ら考えて主体的に決めていくようになるので、対話相手の行動変容に繋がるやり取りができるようになります。4章で紹介します。

・日常レベルでのフェイクニュースのチェックに使える

「その話は、いつ、誰が、誰から聞いたのですか？」

「正確にはその人は、何と言ったのですか？」

こういう具合に聞いてみて、情報提供者が答えるのを拒んだり、ごまかしたりするようなら、フェイクと断じてもいいと思います。知っていることと知らないことを分けて話してくれるようなら、さらに追及する価値があるでしょう。ネットの記事やテレビ報道などの場合も基本は同じです。

詳しい質問技法は2章で紹介しますが、事実質問術は、私の知る限りでは、最も単純で強力、しかも万能なファクトチェックの手法になります。

また、こういう思考法がいくらかでも持てれば、陰謀論に踊らされたり、特殊詐欺に巻き込まれたりということも避けられるという、副次的な効果も望めます。

私たちの身の回りには、様々な次元の情報が入り混じって氾濫しています。それらは混乱や誤解の大元になっています。

人間関係の修復や問題の整理のためには、これらを区別する態度と、そのための技能が必要となります。その意味で、事実質問術はとても有効です。

大きな木を倒すために、大きなハンマーを使って一気に倒そうとしても、その都度跳ね返されてしまいます。ハンマーでは木を倒すことはできません。同様に、問題の原因や状況を手っ取り早く知ろうと、一般化された言葉を使って聞いたところで、本当のことにたどり着けるはずがないのです。

それに対して事実質問は、小さな斧で少しずつ切り目を入れていき、確実に倒すやり方です。**つまり、簡単な事実を聞く質問を積み重ねていく中で、相手の現実を浮かび上がらせていく手法**なのです。

事実と解釈の切り分けで、メタ認知の力が磨かれる

これから事実質問の使い方を具体的に紹介していくのに先立って、先ほど紹介しなかった事実質問術の最終的なメリットについて紹介しましょう。それは、「自己観察と自己制御の訓練方法として優れている」という点です。

事実質問術を学んで、実践する第一歩として、まず自分のやり取りを虚心に見てみる、つまり自己観察することを強く勧めています。すると、多少でも意識してみたほぼすべての方が、自分の発言に思い込み質問が多いこと、特に「なぜ質問」と「いつもは？」などの一般化された質問ばかりしていることに、すぐに気づくようです。同様に、それを何とか我慢することも、意識さえできれば、さほど難しくないようです。

ここで改めて強調しておきたい大事なことが1つあります。それは、いつもなら思わずやってしまうはずの「なぜ質問」や「いつも質問」をその場で控えることができるようになるという行動変容が、コミュニケーション不全の改善のために、最も大事な要素だということです。

これは「俯瞰力」や「メタ認知」などと呼ばれる極めて重要な能力です。そして、そのために欠かせない自己観察を、比較的簡単なルールに従うのみで可能にするところに、事実質問術の最大の効用があります。

思い起こせば、私自身、訓練によって、しかも比較的簡単なルールに従って少しやるだけで行動パターンを変えられる手法に、それまでついぞ出会ったことがありませんでした。コーチングやファシリテーションなどのコミュニケーションを扱う様々な書物に当たっても、そのような行動変化の必要性は説いているものの、実践的な訓練方法までは示してくれていません。書かれているのは、心構えと実例ばかりで、技術的な部分は少しで、しかもあいまいです。

ところが、会話をしながら「なぜと聞いているのではないか」、というたったひとつの視点から「自分を観る」という事実質問の練習は、その壁をいとも簡単に乗り越えさせてくれます。私にとって事実質問術の最大の効用は、このメタ認知が身についたことにあるとさえ言えます。

コラム　「感情質問」は無理にしなくてもよい

ここで、3つの種類の質問のうち、感情や気持ちを聞く質問（感情質問）の扱い方について、一度整理しておきましょう。

事実質問術では、思い込み質問、特に「なぜ質問」は、なるべくしないほうがいいのではなく、してはいけない質問です。それに対して、気持ちや感情を聞く質問は、わざわざする必要がない質問と捉えます。

そもそも、気持ちは言葉にしにくいものです。それを直接的な言葉にしてしまうと、その背後にある「考え」が付きまといます。例えば、「悲しかったですか」という質問は、「悲しいと思いましたか」という、半分「考え」を聞く質問になってしまうおそれがあります。つまり、感情について深く聞いていったとしても、思い込みから逃れることは難しいのです。

他方、生き物としての人間にとって、感情や気持ちは極めて本質的なものです。これ以上大事なことはないとさえ言えます。だからでしょう、それは言葉よりむしろ、表情やしぐさ、笑い声や涙、叫び、うめき、など、体全体で表現するようにできています。

事実質問術は、言葉による対話を主に扱うものです。気持ちは、わざわざ言葉にして聞かなくていいというのが原則です。

それでも話したければ、相手は自分から言ってくる。そう信じて、淡々と事実を聞きながら、そのような雰囲気を作り、関係を築いていくのみです。

第2章
事実質問のつくり方
定義と公式

思い込み質問と事実質問の本質的な違いと事実質問を使う意義、目的についてはわかっていただけたことと思います。

ここからは、事実質問とは一体どういう質問のことを指すのか、さらには、それらはどんな場面でどういうふうに使えばいいのか、つまり事実質問術について順を追って紹介していきます。

この事実質問術は、実は非常に奥の深い手法です。ただ、事実質問のごく基礎的な公式だけをまずは覚えれば、すぐに実践できるようになります。高度な事実質問術を習得しなくても、「解釈のずれ」を解消し、話を正しく速く理解するという目的はかなり果たせるようになります。

事実質問の定義：「答えが1つに絞られる質問」

まず、事実質問とは何かです。「事実」とは何か、と正面から尋ねてしまうと、事実という語の学問的な定義から始めざるを得なくなり、やがて言語学や論理学の領域に入っていかなくてはならなくなります。ここではそれを避けるために、「事実質問」に焦点をしぼって、それは一体いかなるものかを、見ていくことにします。

まず、事実質問は、「答えが1つに絞られる質問」と定義できます。つまり、あれこれと迷ったり考えをめぐらさなくても、素直に、シンプルに答えることができる質問です。

例えば、「なぜ遅刻したの？」は答えが一意に絞られないので事実質問ではありません。「いつ家を出発したの？」は、答えが一意に絞られるので、事実質問です。

ただし、これはあくまでも定義であって、実際の会話では、いちいちそんなことを考えている余裕はないはずです。事実質問かどうかをもっと簡単に判別するためには、次のようなシンプルな要件を満たしているかどうかを見ていくのが現実的です。

事実質問の3要件　①疑問詞　②時制　③主語

まず英語の疑問詞の「5W1H」を取り上げて、事実質問の要件を見ていきます。

5W1Hのうち、「事実を聞く疑問詞」だけを使った質問は事実質問です。具体的には、5W1Hのうちの、Why と How を除いた疑問詞を使った質問は事実質問です。つまり、When「いつ」、What「何」、Where「どこ」、Who「誰が（誰と）」です。

たとえば、「これは何ですか？」とか、「あれは誰ですか？」などは明白な事実質問です。

事実質問に使える疑問詞

×	**Why** なぜ（なんで・どうして）	◎	**When** いつ
×	**How** どう	○	**Where** どこ
○	**How much** いくら	○	**What** なに
○	**How many** いくつ	○	**Who** だれ

疑問詞を使うパターンに対して、もう一つの質問のパターンは、「朝ごはんはもう食べましたか？」などの、**イエス、ノーで答えられる質問の形式**です。

結論としては、Yes／Noで答えることができる質問のうち、過去の出来事や、今実際に起こっていることに関する質問が事実質問になります。つまり、「**過去形**」と「**現在進行形**」の質問が、事実質問ということです。「昨日は何時に起きましたか？」とか「今ペンを持っていますか？」などの質問がそれに当たります。

「カロリーに気を付けていますか？」という質問は、時制があいまいなので、事実質問ではありません。これを事実質問に変えると、「昨日は、合計で何カロリー取りましたか？」あるいは、「摂取カロリーの記録を毎日つけていますか？」となります。

またもう一つの基準として、「**主語が明確で具体的**」が挙げられます。「みんながそう言ってるんですか」などの質問は、主語がはっきりしていないので、事実質問ではありません。「あなたは、何と言ったのですか？」あるいは「誰がそう言ったのですか？」が事実質問です。これらをわかりやすくまとめると、次のようになります。

総括

定義「答えが1つに絞られる質問」

1 **Why・Howを使っていないか？**（疑問詞）
(When、What、Where、Who、How much/manyを使っている、もしくはYes/Noで答えられる形である)

2 **過去形、もしくは、現在進行形か？**（時制）

3 **主語が特定されているか？**（主語）

なお、感覚的な判断基準としては、自分が聞かれて、思い出して答えられるものは事実質問、あれこれ考えないと答えられないものはだいたい事実質問ではありません。これも覚えておくといいでしょう。

・自分が聞かれて、思い出して答えられるものは事実質問
・そうでないもの（考えないと答えられないもの）は事実質問ではない

思い込み質問を事実質問に変えていく

ここからは、事実質問をどのように作り、使っていけばいいのかを詳しく紹介していきます。それに際しては、これまでのように、思い込み質問を事実質問に変換するという形

を取りながら説明するのがわかりやすく覚えやすいので、そのスタイルを踏襲しながら進めていくことにします。

思い込み質問は、大きく以下の5つの種類にまとめることができます。

1「なぜ質問」 なぜそんなミスするの？
2「どう質問」 今度のお仕事はどうですか？
3「いつも質問」 いつも誰に相談していますか？
4「意見を聞く質問」 どうお考えですか？ どうして解決しないのですか？
5「問題を聞く質問」 どんなことにお困りですか？

この中で、最も頻繁に使われているのは、1から3（なぜ、どう、いつも）の質問です。また、4と5は、多くの場合、1か2の形（なぜ、どう）を取ることになります。

そこで、ここからは思い込み質問を1から3のパターンに集約しながら、それらを事実質問に変換していくことを通して、その作り方を示していきます。

そうは言っても、混乱している方もいるかもしれないので、まず少し練習してみましょう。次の例題の質問を「A：事実質問」と「B：そうでない質問（思い込み質問、一般化された質問など）」に分けてみてください。

見分けるには、大きく3つのコツがあるので紹介しておきます。

ひとつ目は①使っている疑問詞（5W1Hなど）です。これを特定して、事実質問に使える疑問詞かどうかをチェックしてみてください。基本的に、5Wのうち「Why」を避け、残りの4つ「When＝いつ」「Where＝どこで」「Who＝誰が」「What＝何を」に置き換えるよう努めるのが事実質問の大原則です。

ふたつ目は、②時制です。例えば、「元気でやってる？」などの場合、形は現在進行形ですが、いつのことかがはっきりしないので、事実質問ではありません。ここ数日のことを聞いているのか、あるいは、最近数週間のことなのかがはっきりしないので、それに対する答えも適当であいまいになりがちだからです。

最後に、③一般的な言葉（普段は、皆さんは）あるいは、あいまいな言葉を使っていないかどうかを見てみます。主語があいまいだったり、副詞がぼやけていたりしないかの最終チェックです。例えば、「朝ごはんしっかり食べてる？」の「しっかり」は、具体的にどういう状態を指すのか、聞く側と聞かれる側の間で一致していないので、相手に考えさせることになります。

これらに加えて、「答えが1つしかないか？」をチェックできれば、万全です。

例題

1 それ誰からもらったの？
2 友だちとうまくやってる？
3 一番最近このお店に来たのはいつだった？
4 普段おやつを買っているお店はどこですか？
5 今晩、何食べたい？
6 どうしてもっと早く起きなかったの？
7 その帽子、素敵ね。自分で選んだの？
8 通っている学校は、家から近いですか？
9 結婚の決め手は何だったんですか？

どうでしたか。ちなみに答えは、次の通りです。

解答

1　それ誰からもらったの？

過去形で、「誰から」という疑問詞Whoを使っているのでA：事実質問です。

2　友だちとうまくやってる？

B：事実質問ではない、です。2つの言葉が問題となります。どれでしょうか。

そう、「友だち」「うまくやってる」です。聞いている側と答える側で、理解が一致しないままに聞いているので、両者の間にねじれを起こしやすい典型的な思い込み質問です。

また、形は現在進行形ですが、いつのことかは特定していません。

3　一番最近このお店に来たのはいつだった？

「一番最近」と「いつ」を使った典型的なA：事実質問です。

4　普段おやつを買っているお店はどこですか？

「普段」という一般化された言葉を使っているので、B：事実質問ではない、です。「どこ」という疑問詞を使っているため、事実質問のように思える点に注意が必要です。「いつも誰と遊んでるの？」などの場合も、「誰？」と聞いている一方で、「いつも」を使っているので、事実質問ではありません。コツは「いつもは」や「普段は」「みんなは」という一般化した表現に注目することです。

事実質問にするなら、過去形を使い、かつ「一番最近は？」のように明確にして「一番最近おやつを買ったお店はどこですか？」と聞くのがよいでしょう。

5　今晩、何食べたい？

「何」を使ってはいますが、未来形でしかも願望を聞いていますのでB：事実質問ではないのは明らかです。しかし、だからと言って使ってはいけないなんてことはありません。日常会話の中でなら、普通に使っていいでしょう。

6　どうしてもっと早く起きなかったの？

「なぜ」というNG質問を使っていますから明らかにB：事実質問ではないです。

7　その帽子、素敵ね。自分で選んだの？

「自分で選んだの？」は過去形かつ主語が明確なのでA：事実質問です。

8　通っている学校は、家から近いですか？

遠いか近いかは主観の問題なので、事実を聞いているとは言えません。B：事実質問ではない、です。

9　結婚の決め手は何だったんですか？

迷われた方も多いかと思いますが、Bです。何（What）を使っていて過去形、主語も明確なので事実質問のように見えるのですが、「結婚の決め手」という言葉が一般的、あいまいです。事実質問にするなら、「結婚を決意したのはいつですか？」のように、思い出すだけで答えられる問いかけにする必要があります。「いつ」を思い出しているうちに、何が決め手だったのかも付随して思い出してきて、「こちらから尋ねないのに、相手から話してくれる」ことも期待できます。

判断に迷うものもあったでしょうが、いくつもやっているうちに即座に判別できるようになります。あまり厳密に考えないで、自他の質問をこの視点から見ることを続けていってください（ちなみに、「Bの質問はしないほうがいい」というものばかりでもありません。今回は区別の練習のためのものなので、あまり気にしないでOKです）。

事実質問の原則：「考えさせるな、思い出させろ」

ここで改めて、序章の冒頭に紹介した対話例を、もう少し詳しく見てみましょう。

Side 2

A　食欲ないの？

B　そういうわけじゃないんですけど……。

A　会社で何かあったの？

B　ミスが続いてて……今日も上司のCさんから「君、やる気あるのかね」って言われました。

A　**何を**ミスしたの？

B　会議の時間を勘違いしてて、遅刻しちゃったんです。

A　ミスしたのって、**いつ**のこと？

B　昨日です。

A　**その前**は？

B　この月曜ですね。

A　じゃあ、**その前**は？

B　え〜っと……。あれ、思い出せない。

A　……。

B　あ〜、入社してすぐの頃に一度ありました。でも、その時はCさんにも落ち度があったらしくて、あまり怒られませんでした。

A　そうなんだ。**月曜は何を**ミスしたの？

B　Cさんが急に、「早く出せ！」って怒ってきて。でも、本当は「木曜まででいいよ」って言われてたんです……。なんだ、よく考えてみれば、自分のせいでミスしたのは、昨日だけだったんですね。じゃ、なんで僕、こんなに落ち込んでるんでしょう……。

A　**Cさんが、同じようなこと他の人に言ってるの、聞いたことある？**

B　ありますよ。同期のD君にもよく言ってますよね。

A　そっか。ところで、Cさんとはこれからも仕事しなきゃいけないんだっけ。

B　来月の人事異動で、本社に戻るんですよね……？　あれ、なんか食欲出てきました。あの……食べ終わったら、ちょっとコーヒーでもどうですか？

A　うん、場所を移してもいいわね。

Aさんの質問は、太字部分の「何質問」「いつ質問」から始まって、単純に「その前は？」「その前は？」と聞いていっただけでした。それだけで、B君は、以前のことを正確に思い出し、必ずしも「ミスが続いている」わけでないことに自分で気が付いたのです。

そして彼女のその直後の質問は、傍線を引いた「(上司の)Cさんが、同じようなこと他の人に言ってるの、聞いたことある?」でした。この質問も単純な事実を聞いたものですよね。主語を明確にして、「聞いたことある?」と過去形で聞いたわけです。いずれも、答えが1つしかない質問になっていることにお気づきでしょうか。

私たちの記憶は基本的に当てにならないものです。都合のいいことだけは覚えていて、一方いいことであれ、そうでないことであれ、自分が作ったストーリーに合わないものは、思い出さないようにできています。ネガティブ思考の人が物事をネガティブにばかり捉えようとするのは、突き詰めれば、そのほうが自分のストーリーに合っていて、ある意味で心地よいからだと言えます。

ですから、自らの経験の中に埋もれた宝を探し出すためには、誰か他の人に上手に聞いてもらうことで、絡まった記憶の糸を解きほぐすことが必要になります。

つまり、過去の経緯を正確に思い出しているうちに、相手は、それに基づいて再分析を始めるということです。今の曲がった記憶をもとに考えさせてしまってはいけないのです。

「いつ質問」は最強の事実質問

ここまで読んできて、これはちょっと難しいかもと感じている方もいるかもしれませんね。

そんな方は、これからひとつ目に紹介する「なぜ」と聞きたくなったら「いつ」と聞くという最も基本的な公式①を、とにかく使ってみることを強くオススメします。これから紹介する基本公式の中でも、一番簡単かつ強力な質問が「いつ」です。

相手が悩み事や気になることなどを語り始めたら、「どうして」と原因や動機を尋ねるのではなく、「最近それが起こったのはいつですか」と尋ねます。困ったら、まずはすべての質問の最初を「いつ」と変えることからやってみてください。

そこからさらに「その前は」と聞いていくと、相手はどんどん思い出していきます。次には、「それはどこですか」「誰と（あるいは誰が、誰に）」「何を」などと聞き込んでいくのです。あるいは、逆に、「最初はいつでしたか」から始めて現在に向けて進んでいくこともできます。

そうしているうちに、相手はその出来事について正確に思い出して、原因や動機、あるいは事態の捉え方についての自分の思い込みと現実の間のギャップに気づき、自らそれを語り始めます。序章冒頭のB君の仕事上のミスの場合だと、「なんだ、よく考えてみれば、自分のせいでミスしたのは、昨日だけだったんですね。じゃ、なんで僕、こんなに落ち込んでるんでしょう」（P21）、1章のAさんの転職相談の例だと、「特にそれ（英語）にこだわる必要はないような気がします。自分は本当はどんなことをしたいのかをもう少し考えながら、視野を広げて転職先を探すことにします」（P71）がそれでした。

まずは「いつ質問」だけでも始めてみよう

「なぜ質問」が聞こうとするのは、何らかの出来事や行為の理由や原因や動機についてです。しかし、よく考えてみれば、それらの出来事や行為は、すべて、過去から現在にかけての時間の流れの中のどこかで起こるものですよね。だから、「それは**いつ**起こったの?」「最初は**いつ?**」あるいは「一番最近は**いつ?**」という「いつ質問」をぶつけることはいかなるときでも可能なのです。

「どう質問」でも同じように「いつ」が使えます。「どう質問」が聞こうとしているのは、その出来事や行為の状況・状態ですから、**「どう？」に代えて、「いつ？」が必ず使えます。**そして（後述しますが）その後は「どこで」「誰が」「何を」と聞いていくことができます。これだけを覚えておけば、「なぜ質問」も「どう質問」も簡単な事実質問に変換して聞くことができるというわけです。

この「いつ質問」の練習のために、ドラマや映画、あるいは漫画や小説の中にある「なぜ質問」を使って考えてみましょう。

1　恋愛ドラマの「彼と別れようと思うの」
↓つい、「どうして？」と聞きそうになるところを、何と変換するか？

2　刑事ドラマの「あんな夜中に、どうしてあそこにいたんですか？」
↓この探偵の質問を、何という事実質問に置き換えるか？

3　友人の「あんな会社に就職しなければよかった」
↓「どうしてその会社にしたの？」と聞きたくなるのを、どう言い換えるか？

少し考えてみてください。

1　恋愛ドラマの「彼と別れようと思うの」

この場合は、「**いつ**からそう思うようになったのか覚えてる？」か「最初にそう思ったのは**いつ**？」という具合に、最初のきっかけを思い出してもらえるような質問をするのが定石です。それに対する答えがつい最近だった場合と、かなり前だった場合とは、次の質問が少し違ってくるかもしれませんが、公式としては、「**その次**は？」「**その次**は？」と時系列で聞いていくことです。その流れの一環として、「一番最近、強くそう思ったのは**いつ**？」あるいは「そう心に決めたのは**いつ**？」などと聞くことになるかもしれません。

2　刑事ドラマの「あんな夜中に、どうしてあそこにいたんですか？」

この場合は、「**いつ**からそこにいたんですか？」あるいは「**いつ**までいたんですか？」さらには「**前にも**行ったことはありますか？　それはいつですか？」などと聞いていけますね。さらには、「**どうやって**そこに行ったのですか？」など、他の種類の事実質問も可能になります。

3　友人の「あんな会社に就職しなければよかった」

この場合は、先ほども挙げた英語の転職の事例（P69）に近いですね。事例にあるように「そこに就職したのは**いつ**？」と聞いて、まずその当時のことを思い出してもらうよう努めましょう。そして、頃合いを見計らって、「他には何社受けたの？」と決定的な質問をするのがオススメです。Aさんのケースでは、他の内定先は英語に関係がなかったことなどを鮮明に思い出し、「自分は英語に関係のあるところで働きたい」という思い込みが、その後で作られたものであることに気が付いたのでしたね。

なおこの「その際には何社くらい受けたんですか？」という質問は別の公式に沿って使ったものなので、４章で紹介します。

まずは、「なぜ？」と聞かないで、「いつ？」と聞くというやり方を試してみて、いいな、あるいは、なるほどと感じたら、少しずつ習慣化していくだけで十分です。

それだけで十分にガラスの曇りが晴れ、違う景色が見えてくるはずです。他者との関係も、自分自身への対し方も、それに従って変わってくるでしょう。

事実質問　5つの基本公式

さて、ここからは事実質問の基本公式を紹介していきましょう。全部で5つあります。

基本公式①

「なぜ?」と聞きたくなったら「いつ?」と聞く

まずは前述の通り、事実質問の公式の基本中の基本が、「なぜ、どうして」と聞きたくなったら、それを一度飲み込んで、「**いつ**」という事実質問に置き換えて質問すべし、というものです。先ほどよりも詳しく、これを説明していきましょう。

「なぜ質問」の場合、質問の対象となるのは、「就職先を選ぶ」「宿題を忘れる」「朝起きられない」「初対面の人と話すのが苦手」など、行為や出来事や現象です。つまり、その背景や原因や動機を「なぜ」という質問によって聞き出そうとするものです。これは言い訳や都合のいい解釈、根拠の乏しい思い込みを引き出す良くない質問の代表でしたね。この時「なぜ質問」は絶対にしてはいけません。

質問対象とする行為や出来事が一度きりの場合は、「そこにはいつ就職したの?」など、「それをしたのはいつか」「起こったのはいつか」というような、そのことが起こった日時を特定する「いつ質問」に変換します。

特に継続的な出来事や現象、あるいは繰り返し起こっていることについては、初めと終わりがありますから、「**一番最初**はいつ?」または「**一番最近**はいつ?」と聞きます。「いつ?」と聞いた後は、「その前は?」「その前は?」と**時系列で聞き続ける**のが常道です。「なぜ?」と聞くと考え始めてしまいますが、「いつ?」「その前は?」と聞き続けられたら、思い出そうとしますよね。このプロセスが、思い込みを排して、事実を確認していく行為となるわけです。

あまりにも当たり前ですが、この世界のあらゆる現象は、すべて時間と空間の中で起こ

「いつ質問」は時間軸

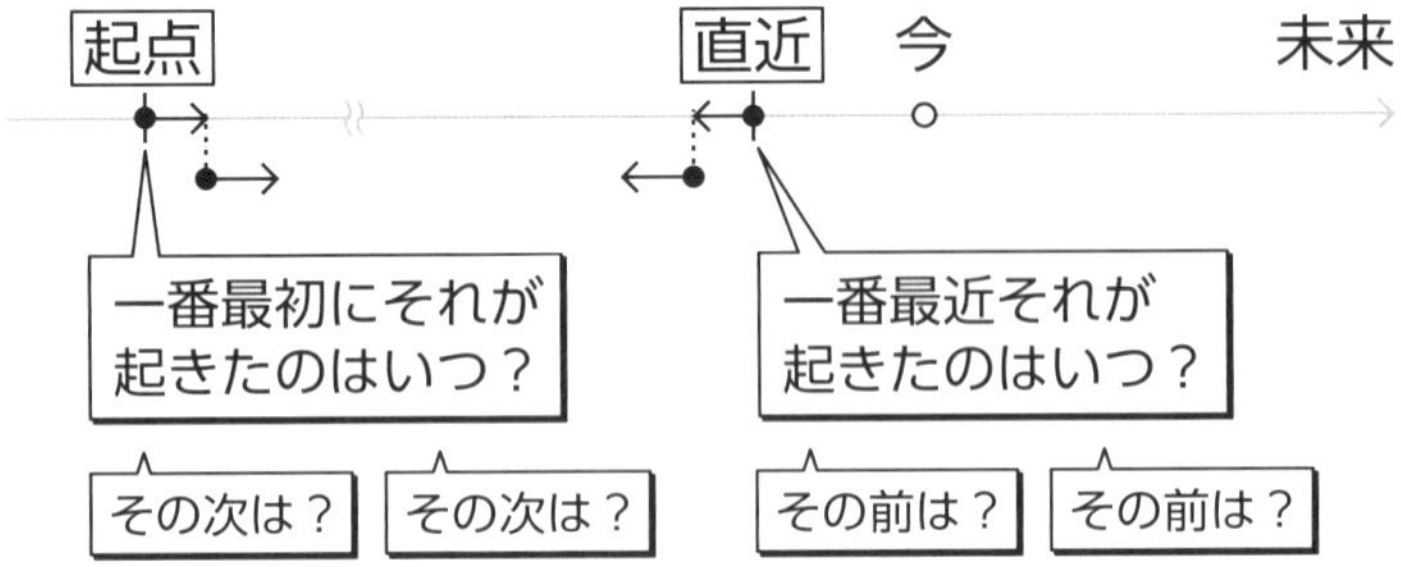

ります。ですから、「いつ？」と聞けないことは存在しません。

この、「なぜ？」と聞かないで、「いつ？」と聞く、という手法の基本こそ、因果関係＝思い込みの罠にハマらず、時系列を軸に据えて、ものごとの関係を事実に基づいて着実に明らかにしていくための、最も単純で効果的な方法です。

事実質問の基本中の基本ですので、この**「なぜ」と聞きたくなったら「いつ」と聞く**という公式を脳裏に刻み込んでおき、ここだと思った時に使ってみることを強くオススメします。

基本公式②

「なぜ?」と聞かずに「Yes/Noの過去形」に変える

「疲れやすいのは運動しないからだよ。なんでジムに行かないの？」
「そんな彼氏、なぜさっさと別れてしまわないの？」

こういう質問の形を取った押しつけ型の提案やアドバイスもまた世の中に満ち満ちていますよね。自分自身がされたらモヤモヤしたり辟易したりするにもかかわらず、ついやってしまいがちです。

これは自己抑制してなるべくしないのがいいのですが、どうしてもしたい時、あるいはしたほうがいい場合もあります。たとえば、「運動不足をいつも嘆いているくせに、自分からは決して行動を起こそうとせず、しかも、放っておいたら深刻な事態になりかねないとこちらが判断した場合」などがそれに当たります。

その際は、特に「○○したことある？」というイエス・ノーで答えられる過去形の質問にするのが効果的です。

先ほどの例だと次のように変換するのがオススメです。


「近ごろ運動したことある？」

「ジムに行ったことある？」

「何か運動しようと考えたことある？」


もう一つのほうのケースでは、次のようになります。

「彼氏と別れようと思ったことある？」

「別れようとしたことないの？」

もし、「別れる」という言葉が強すぎるようなら、「関係を変えようとしたことある？」などと聞くこともできます。

この問いかけに対して、相手が答えをはぐらかすなど、しっかり答えてくれないのであれば、あっさり引き下がるのがお互いのためです。相手はその気持ちを聞いて欲しいだけで、あなたのアドバイスなど、はなから求めていないのですから。

おせっかい型「なぜ」は、慎む

「なぜ質問」の変換における大切な原則は「提案しない、求められないアドバイスをしない」です。本当に受け入れてもらいたいのなら、提案しないことです。こちらは基本公式というより、姿勢あるいは心構えに近いものですね。

提案やアドバイスを慎んだほうがいいのは何のためかを示すために、事例に即して説明します。

ある研修を開催した時のことです。受講者の一人であるAさんが、研修2日目の朝、15分ほど遅れて来ました。講師Tさんは、「なぜ遅刻したんですか？」と言いたいところをグッとこらえ、以下のようなやり取りを始めました。

T　自宅からここまで、何時間かかりますか？
A　30分ほどです。
T　**今朝は**何時に起きましたか？
A　（照れくさそうに）8時半です。（研修は朝9時に始まるのだから、8時半に起きたのでは、間に合うはずがない）
T　では、夕べは**何時に**床に入りましたか？
A　午前2時過ぎです。
T　それまで**何を**していたのですか？
A　DVDで映画を見ていました。レンタルDVDの返却期限が今日までだったので、昨日のうちに見ておこうと思ったのです。

T　なるほど、事情はわかります。で、それを見始めたのは、**何時**でしたか？

A　12時過ぎです。

（ここまで来ると講師は質問を止めて、黙り込みました。そしてしばらくそうしていると、Aさんが、自ら口を開きました）

A　そうですよね。映画を見るのだったら、もっと早く見始めなくてはなりませんよね。

聞き方としては、「いつ質問」の連続であることがおわかりでしょうか。

最後のセリフを、講師が説教がましくAさんに言った場合、つまりこちらが提案したりアドバイスした場合と、このケースのようにAさんが自ら発した場合、つまり自分でどこに問題があったかを見つけてそれを正すことを自分の言葉で述べた場合、との違いを想像してみてください。どちらのほうが行動変化に繋がるか、考えるまでもないですよね。「DVDを見るなら、なぜもっと早く見始めなかったんですか？」と言ってしまっては、また詰問型の「なぜ質問」になってしまいますから。

会社などの組織で、一番嫌われる上司は、間違いなく、求めていないアドバイスをすぐにしてくる人です。成功体験の押し売り、もっともらしい説教、などももちろんその仲間です。

難しいように思えるかもしれませんが、「事実質問しかしない」と心に決めていれば、かなりお節介な方でも自制できるはずです。

以下は、どこにでもあるおせっかい型質問の例です。公式に従って、自由に変換してみましょう。これらはすべて、状況次第でやり取りが大きく変わるケースなので、特に正解があるわけではありません。ただし、事実質問になっているかどうかのチェックは忘れないでください。見分け方はわかりますよね。

1 家にばかりいないで、たまには外に出たらどう？
2 どうして早く医者に診せないの？
3 大丈夫よ。思い切って話しかけてみたら？

変換例としては、以下のようなものが考えられます。

1　家にばかりいないで、たまには外に出たらどう？

↓一番最近外に出たのはいつ？　この前の週末はどこか行った？　最近買い物したのはいつ？

2　どうして早く医者に診せないの？

↓医者に診せようとしたことある？　かかり付けのお医者さんはいるの？　最近、医者に行ったのはいつ？

3　大丈夫よ。思い切って話しかけてみたら？

↓思い切って話しかけてみようと思ったことある？　彼女（彼）と何か話したことある？（あったとしたら）その時はどちらから話しかけたの？

詰問型の「なぜ」「どうして」は、即黙る

「どうしてすぐ私に連絡しなかったんですか？」
「なんでそうしたの？　あれほどするなと言っておいたのに」

などと部下や後輩に言いたくなったら、そのセリフを飲み込んでしまうのがベストな対応です。どう変換すればいいかをいちいち考える必要はありません。そういう質問は、相手にとっては詰問や非難としてしか受け取られず、必ず関係のひどい「ねじれ」を引き起こします。

その背後には、私たちの不満や憤りがあります。具体的には、「なぜ○○しなかったの？」という過去の「しなかったこと」について理由を聞いているもののほとんどはそれに当たると考えていいでしょう。特に、過去の行為についての質問を、感情を高ぶらせて聞いている場合は、確実に「詰問型」になります。

なお、感情的になっている自分に気が付くには、多少なりとも、その場での自己観察、自己省察が必要となってきます。怒りの感情を制御する手法として近年注目されているアンガーマネジメントでは、「怒っている自分に気が付いたら、6秒間、何も言わないで、そういう自分を見つめてください」と教えています。

詰問型の抑制の場合も、これと同様にとにかくそこで立ち止まってしばらく待ってみることです。あなたが自己抑制していることが相手に伝わると、場が落ち着き、冷静で誠実なやり取りの舞台が整います。

そこでやっと、定番の「いつ質問」ができるようになります。例えば、「どうしてすぐ私に連絡しなかったんですか？」ではなくて、「それってまずいと最初に気が付いたのはいつ？」という具合に。さらには、連絡するまでに何があったかを時系列で聞いていけば、事態の経緯が明らかになり、どこに問題があったかも自然に浮かび上がってきます。

次のページの例は詰問型を我慢したシンプルな事例です。小学生の息子さん相手のお父さんの働きかけで、実際にあった話です。

Side 1

父　爪切ってないだろう。**なんで**早く切らないの？

息子　うん、あとで切る！

そう言ったまま息子は結局爪を切らずに遊びに出てしまいました。

Side 2

父　（子どもの爪が切られていないのを見て）爪切ったの**いつ**だっけ？

息子　（爪見て）あ、今から切るわ。

一発で決まりましたね。

特に、親子の場合は、この「なぜしないの？」「なぜしなかったの？」の2つのパターンの詰問型質問を絶対にしないことです。先ほどの例のようにうまく事実質問に変換できなくても、このタイプの質問を親が慎むだけで関係が変わってくること請け合いです。

基本公式③
「どう」と聞かずに「何」「いつ」「どこ」「誰」と聞く

次は「どう質問」の変換です。

「なぜ質問」の対象は行為や出来事や現象で、目的はその背景や原因や動機を知ることでした。「どう質問」は、「どう？」のひとことで考えなどを一気に聞いてしまおうという怠惰な質問です。聞かれたほうは「相手が何が知りたいのかはっきりわからない状態」のまま、何か思いついたことを答えようとします。二人の間には当然、モヤがかかります。

ここでの基本公式は、その出来事や現象を少しだけ分解して、「何が」「いつ」「どこで」「誰に（誰と）」起こったか、と聞くことです。少し練習してみましょう。以下の「どう質問」は、どのように変えられますか。考えてみてください。

1）旅行、どうだった？（連休後の社内で）

「いつ（何日間）」「どこに」「誰と」行き、「何を」したかなどを順に聞き、その中で興味深いことが出てくればそこを重点的に聞いていけばいいでしょう。あるいは、相手のほうから詳しく話し始めてくれるかもしれません。まず「最初は？」「その次は？」などと時系列で聞いていく練習もできますね。

その際のコツは、相手の表情をよく観察しながら聞き続けることです。答えにくそうだったり、戸惑ったりするようなら、そこには踏み込まないほうが無難です。例えば、費用がいくらかかったかなどは、詳しく言いたくない場合もあるかもしれません。そういう兆候が見えたら、あっさり質問を変えたほうがいいでしょう。

2）試合、どうだった？（野球の試合を終えた友人に対して）

相手との関係にもよりますが、こちらが聞きたいことは「試合の結果」と「友人のプレーの出来（活躍具合）」に絞り込めるはずです。

まず、試合の結果は秘密でも何でもないでしょうから、突然聞いてもいいでしょう。ただ唐突さを避けるために、「相手は〇〇チームでしたよね？」などと軽い確認の質問をまず行ってから、「で、結果は?」と聞くとより自然に話に入っていけます。

友人のプレーの出来についても同じです。「前の試合と同じように、サードを守ったの?」と聞いてから「何番を打ったの?」「最後まで出たの?」などと聞き続ければ、相手は必ず「打撃はよかったんだけど、大事なところでエラーしてしまって……」などと自分から語り始めてくれるはずです。それを受けて、さらに聞いていけば、やがて相手から自発的に話してくれるという流れが自然にできていきます。そうなると、他の友人には話しにくいような微妙な話も出てくるかもしれません。

3）テスト、どうだった?（模擬試験を受けて帰って来たお子さんに対して）

微妙なシチュエーションですね。特に、入試を控えた思春期のお子さんに対して「テスト、どうだった?」と父親が直截《ちょくせつ》に聞くのは、憚《はばか》られます。だからと言って何も聞かないのも不自然です。

これには絶対的な正解はありませんが、最初の質問を真正面から聞かないで、つまり「出来はどうだった?」とは聞かず、他の要素「いつ、どこで、何を、誰（が、に、と）」の中で、一番聞きやすい要素を見つけて聞き始めるのが常道です。

例えば、「誰質問」を使って「〇〇さんといっしょに行ったんだよね？　帰りもいっしょだった？」などと聞き始めます。あまりうるさがっていないようなら、「帰り道で、互いの出来を聞き合ったり、感想を言い合ったりするの？」と聞いてもいいでしょう。これは事実質問ではありませんが、「〜したの？」と聞いてしまうと直截過ぎるので、観測気球として思い込み質問をしてみる手もあります。

お子さんは、おそらくそれには直接答えないで、「数学が難しかったって、〇〇さんは言ってた」などと言うでしょう。そこですかさず、「君にも難しかった？」などと中身、つまりお子さんの成績に関わることに踏み込んでいきます。実際にはここまで来れば、あとは出来不出来についてのやり取りを自然にできるはずです。

このような微妙なやり取りを自然にかつ率直にできるようになることが、事実質問を学ぶ目的です。難しく見えるかもしれませんが、公式に従ってシンプルに考えながら、「思い出すだけで答えられる質問」を作っていくよう心がけていれば、意外に簡単にできるようになります。

4）先週の話し合い、いかがでしたか？（経営陣との微妙な調整に当たった上司に対して、週初めに）

これも微妙なシチュエーションですね。実際はうまくいかなかった場合、あるいは話が複雑で説明が難しい場合などは、相手にとって「答えにくい質問」になってしまいます。そうなると会話はなかなか深まりません。「うまくいきましたか？」などと付け加えてしまった場合は、場を凍らせかねません。

これについても、考え方は2）や3）と同じです。「いつ、どこで、何が、誰（が、に、と）」のうちで、どれが一番聞きやすく、次に繋げていきやすいかを考えながら、最初の質問を作ります。

答えやすさの順序を考えると、「何が（を）」は一番センシティブですね。一方「どこで」は簡単だけれどあまり意味を持たないでしょう。つまり、「いつ」か「誰」のどちらかが入りやすいことがわかります。時間について詳しいことを知らないのであれば、「何時から何時までやったのですか」「2時から4時まで」「それは長かったですね。お疲れさまです」となります。ここで誰質問に移って「で、こちらは、課長と次長のお二人だったと聞いていますが、経営陣からはどなたが対応してくださったのですか？」と続けていくことができます。

まどろっこしいように思えるかもしれませんが、このように、相手が答えやすい事実質問から入っていくことで、状況を具体的に思い出してもらう環境を整えることができます。正確に思い出して答えてもらえなければ、質問する意味がありません。

基本公式④

「いつもは？」ではなく「今日は？」、「みんなは」ではなく「誰？」と聞く

「いつも質問」をはじめとする、一般化された質問を変換する公式です。

この基本公式④に従って、以下の質問をどう変換できるか考えてみてください。話が少し複雑で、ひと工夫必要なものもあります。

1）お昼ご飯は普段どこで食べてるんですか？

典型的な「いつも質問」ですね。あれこれ考える必要はありません。まずは、「日時を特

定」して「過去形で聞く」という共通の要件に従って、質問を作ってみます。

その日の午後以降に聞くのであれば、「今日のお昼は、どこで食べましたか？」となります。傍線部は過去形ですね。まだお昼前なら、「昨日のお昼ご飯は？」とすればいいわけです。さらに「その前は？」「その前は？」という具合に3、4日くらいのことを聞けば、大まかな傾向が浮かび上がります。

そうしているうちに、相手はいろいろと思い出し、「4日続けて外食ですね。しかもファストフードが2回。前は時々お弁当持ってきてたのに」などと言い出したら、次は話題を移して「弁当」についてさらに聞いていくというのが常道です。その際には、「一番最近お弁当を持って来たのはいつだったか覚えてますか？」「どんなお弁当でしたか？（お弁当の中身などを聞く）」などと聞いていくわけです。

そういうふうに進まない場合は、「そのお店では何を食べたんですか？」とか、「そこにはどうやって行きましたか？」「誰かと一緒に行ったんですか？」などがよいでしょう。聞いていくうちに別の景色が見えてくるはずです。お昼ご飯ひとつでも、うまく聞けば相手のことがとてもよくわかります。

2）病気になったら、いつもどこの病院に行くんですか？

「病気になる」という表現は仮定形で、明確な時制がありません。事実質問にするには、まずこれを過去形に変えてみましょう。つまり「あなたが病気になったのは〜」とします。これで、「いつもは」ではなく「いつ」と聞けるような文章になり、「いつ質問」ができるようになりました。

ただ病院に行ったのは一回きりではないでしょうし、遠い昔のことなら覚えていない可能性もあるので、「一番最近」と特定して聞くのが実践的です。これで、「一番最近病気になったのはいつですか？」という事実質問に変えることができました。これだと相手も答えやすいですね。

相手が答えてくれたら、次は、「それはどんな病気でしたか」「どこの病院に行きましたか？」「どんな治療をしましたか？」などと具体的に聞いていけます。その次には、「その前は？」「その前は？」と聞いていけば、一連の行動が目に見えるように浮かび上がってくるはずです。多少の記憶のあいまいさはあったとしても、極端な思い込みが入り込む余地はありません。

3）他の皆さんはどう言ってるんですか？（職場の会議の時に）

これもまずは、過去形にします。その上で、具体的な人物を主語にして「○○さんは何と言いましたか？」と聞きます。公式に従うとこうなるのですが、急に固有名詞を挙げて尋ねるのも唐突な感じで、相手に構えさせることになるかもしれません。そこでひと工夫して、相手の方から固有名詞が出てくるように仕向けます。

「どなたかそれに反対意見を述べられた方はいましたか？」とまず聞いてみます。過去形かつイエス・ノーで答えられる質問にすると、相手は答えやすくなります。

「はい」という答えでしたら、「何人くらいいましたか？」と聞き込んでいき、相手があまりためらわないで答えてくれているようでしたら、「どなたとどなたが反対意見を述べられましたか？　よろしければ教えてください」と聞きましょう。名前が上がったら、その中から一人を選んで、「ちなみに○○さんの場合、具体的にどういう言葉で反対を表現されていましたか？」などと聞き続けていきます。

このようにするには、事実質問を続けていくための技能が少々必要になってきます。これについては次章で詳しく紹介します。

4）このお店のお客さんは、どんな人が多いんですか？（ウナギ料理店の店主に）

「お客さん」「どんな人」「多い」など一般化された曖昧な言葉の連続で、どう変えればいいのか咄嗟に思いつかないかもしれません。こういう場合も、難しく考えないで、とにかく過去形にすることを試みます。すると、どういう質問が可能になるでしょうか。

お店に来るお客さんのことが知りたいのですから、まずは、「お客さんが来た」と過去形で文を作ってみましょう。すると、「お客さんが来ましたか？」という質問が可能になることがわかりますが、そのままでは意味がありません。

例えば、「何人のお客さんが来ましたか？」という質問が思い浮かぶかもしれませんね。でも、これではまだ時間が限定できていません。そこで、今週は、今月は、あるいは今日は、などの時間を特定する副詞を加えると事実質問が完成します。

閉店間近であれば、「今日は何人くらいお客さんが来たか、覚えてますか？」と軽い感じで聞いてもいいでしょう。店主が「今日は多かったですね。30人くらいかな」と答えてくれたなら、漠然とした「お客さん」を、「今日来た30人くらいのお客さん」と限定することができます。すると、「男女比はどうでしたか？」とか、「高齢者は何人くらいいましたか？」あるいは、「サラリーマン風の方は、大まかに何割くらいでしたか？」「ウナギ以外のものを食べた方はいましたか？」などなど、あなたの関心に合わせて聞いていくことが可能になります。

店主と遠慮の要らない仲なら、「そのうちで、7000円の特上を注文した人は、何人くらいいましたか？」などと少々ゲスな質問をしてみるのも面白いですね。ちなみにこれは実際に私の友人が経験したエピソードで、その時は「けっこういましたよ。5人くらいが注文してくださいました」と答えが聞けたとのこと。

友人は最初から目的を持っていたわけではなく、興味の向くままに聞いていった結果、この流れになったのでした。おしゃべりの延長であっても、事実質問を繋ぐための技術が使えると、面白い話が聞けることもある、というわけです。

基本公式⑤ 次の質問に困ったら「他は？」と聞く

事実質問の中でも、ちょっと特殊な形をしているのがこの「他は質問」です。「他は質問」は、厳密に言えば思い込み質問の変換というわけではありませんが、思い込み質問をしてしまいそうになる多くの場面で、代わりに使える有用な事実質問です。実はこれまでの会話例の多くで、「他は質問」も多用しているのですが、お気づきでしょうか。

Aさんの転職に関するやり取り（P70）で実は使っています。もう一度見てみましょう。

C　今のところに就職したのは、いつでしたか？

A　大学を出た時です。

C　その際には、何社くらい受けたんですか？

A　4社です。

C　最初に合格通知が来たのは、どこでしたか？

A　今の語学教育の会社です。

C　他の会社の仕事も、英語に関係がありましたか？

A　I社は少しありましたが、そういえば残りの2社は、全く関係ありませんでした。

（Aさん、少し考える）

A　そうか、よく考えたら、英語に関係あるからというより、最初に内定をもらえたんで今のところにしたのでした。

C　次の候補としても、英語に関係のあるところを探していますか？

A　いや、まだ探してないのですが、特にそれにこだわる必要はないような気がします。自分は本当はどんなことをしたいのかをもう少し考えながら、視野を広げて転職先を探すことにします！

傍線を引いた箇所の質問ですね。この会話においてはこの質問は唯一難しいポイントです。基本公式⑤を知らなかったらここまで繋ぐことは至難の技です。

他の会話例で言えば、

「Cさんが、同じようなこと**他の人に**言ってるの、聞いたことある？」（P21）

がそれに当たります。

この事実質問は、「他は？」「その他は？」と次々と聞いていくような質問です。「その前は？（昨日は？）」「その前は？（一昨日は？）」と「いつ質問」を繋げていくのと基本は同じです。「他は質問」とでも呼んでおきましょう。

この「他は質問」の効果は、対象のことからいったん離れる点にあります。これまでの質問は基本的には時間軸（いつ）に沿って深掘りしていく質問でしたが、この「他は質問」はいったん今のトークテーマから離れ、**似たようなものを思い出す道をさりげなく提案する、「空間軸」に基づく質問**です。つまり、視野を広げてみてはどうですか、という投げかけをこの質問によってできるわけです。

時間軸に沿ってまっすぐに聞いていって行き詰まりを感じたら、いったん時間軸から出て、空間を意識しながら質問を作ってみましょう、ということです。「他は質問」の考え方をまとめたのが左の図です。参考までに見てみてください。

「他は質問」で事実の視野を広げる

「他は質問」の中でも、「他に似たようなことはあった？」という質問は特に視野を広げや

「他は質問」は空間軸

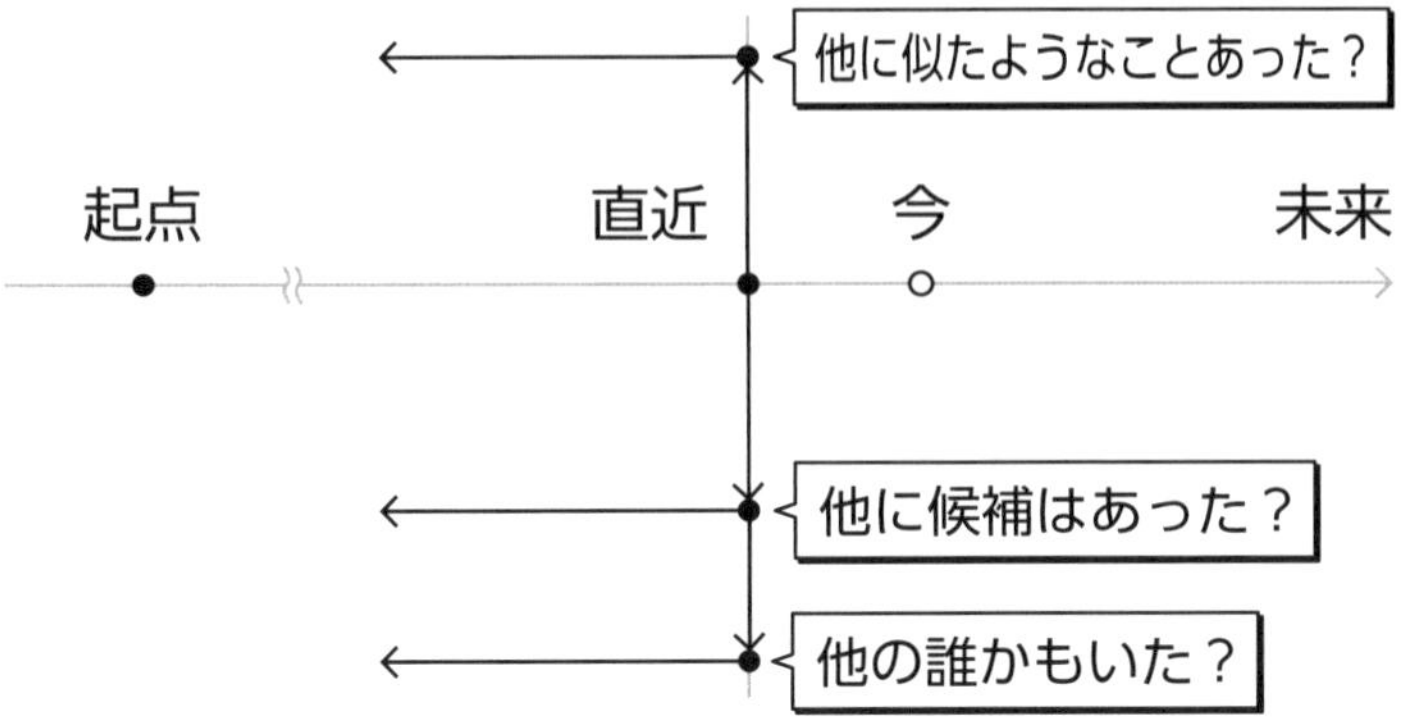

すいのでオススメです。曇りガラスの内側で思い込み質問ばかりしている人の多くは、自分の思考を本来以上に狭めてしまっているようです。その点「他は質問」で視野を広げ、さらにそれを数珠つなぎで聞いていけば、意外なほどスッキリと思い込みの曇りガラスから抜け出せるものです。

「他は質問」は例えば、次のページの例のように広げることができます。いずれの例も、つい「なぜ?」と聞いてしまいそうになる場面だと思います。ただ心構えとしては、質問が思いつかなくなったら、「他は」ととりあえず言ってしまえばいい、くらいでも十分です。

「学生時代は、金融を中心に就活をしていました」

↓他に見ていた業界はありますか？

「プランBを採択することになりました」

↓他にはどのような案があったのですか？

「この本がすごく好きなんだ」

↓他にもオススメはありますか？

「彼氏と別れたほうがいいのかな……」

↓他の人と付き合うことを考えたことはある？


「他は質問」で新しい事実が浮かび上がってきたら、それについて「いつ質問」や「何」「どこ」「誰」とさらに掘り下げていくとよいでしょう。こうすることで、時間・空間の両方で事実を漏れなくさらっていくことができます。

とにかく「過去形」「時間・主語」を意識しよう

困ったら「いつ」と聞く、ということの他に、再度コツをまとめてみましょう。

総括

事実質問のつくり方

①時制を過去形・現在進行形に変える

「しますか？」ではなく「しましたか？」「今〜していますか？」とする。

②時間・主語を指定する

「普段は？」ではなく、「今日は？」「一番最近は？」に置き換える。

「貴社の皆さんは」ではなく「あなたは？」「○○さんは？」に置き換える。

特に、とりあえず「過去形にしてみる」というのは使いやすいです。まずは過去形にしてから、「何が、いつ、どこで、誰(が、に、と)」のうち、「一番聞きやすく、次に繋げやすいもの」を繋げていくといいでしょう。

事例の中には、一見すると難しく思えるものもあるでしょうが、公式を使えば、それほど難しいことではないのがわかっていただけたと思います。

とはいえ、実際の場面では、これらを瞬時にやらなければならないのですから、猛練習とは言わないまでも、多少の練習が必要なのは言うまでもありません。

実際にやってみると、「どうして?」と聞いてしまってから、しまったと思うことも多いのですが、そこがすべての始まりです。次の機会にはうまくやるぞ、と軽く構えて前進していけばいいのです。

こうして徐々に自分の質問を意識できるようになると、「なぜ質問」だけでなく、他の思い込み質問も気になってくるはずです。

次章からは、その練習のために有効な技術と考え方をお伝えしていきます。

コラム　あなたが思い込み質問を受けた場合の対処法

職場の同僚と顔を合わせた途端に、「研修、**どう**でした？」と聞かれたとします。思い込み質問で機先を制してきたわけです。こんな場合は、どうすればいいでしょうか。

相手は事実質問術について知らないわけですから、平静を保ってまずは「まあまあだったかな」とか「よかったよ」などと普通に対応すればいいでしょう。それが挨拶代わりの「どう質問」だった場合はそれで話は終わり、別の話題に移っていきます。空中戦と地上戦という見方からすれば、「相手の思い込み質問を無理に地上戦に下ろそうとせず、受け流せばよい」と判断した場合の対応です。

しかし、相手が質問の仕方を知らないだけで、研修のことに大いに関心を持っていると見て取った場合には、どうすればいいでしょうか。つまり、地上戦に引き下ろして、地に足の着いたやり取りが必要と判断した場合の対応ですね。ここから話をどう繋げばいいでしょうか。

ここでも使う公式は一緒です。まずは、そのリーダーシップ研修をテーマに、過去形の事実質問を作ってみましょう。その際に出発点になるのは、相手がその研修にあなたが参加したことを知っているという事実です。とするとその事実についての質問が作れるのですが、あなたならどういう質問にしますか。

一番単純なのは、「その研修について、**どこ**で知ったの？」でしょうね。あるいは、もう少し踏み込んで「君もあの案内パンフを読んだんだよね。じゃあ、**どんなところ**に興味を持ったの？」と聞いていくこともできます。つまり、事実質問を挟む形で相手の知識や経験を確かめながら、説明していくわけです。逆に、案内をしっかり読んだわけではないことがわかった場合は、適当に報告するだけで十分です。

同じく、同僚や先輩から、詰問調の「なぜ質問」つまり「どうして〇〇しなかったのですか？」と聞かれたとします。その場合は、軽く「さぁ〜、なぜなのかな？　自分でもよくわからないんだよね」「君はなぜだと思う？」などとはぐらかしながら、そのことへの相手の本気度を測ればいいでしょう。

相手が目上の方で冗談めかすのが失礼な場合は、「〇〇だからだと思うのですけれど、これって言い訳じみてますか？」あるいは、「僕の思い込みに過ぎないのでしょうか？」などと聞くことで、正面突破を図る方法もあります。

郵便はがき

料金受取人払郵便

渋谷局承認

2196

差出有効期間
2026年12月
31日まで
※切手を貼らずに
お出しください

150-8790

130

〈受取人〉
東京都渋谷区
神宮前 6-12-17
株式会社ダイヤモンド社
「愛読者クラブ」行

本書をご購入くださり、誠にありがとうございます。
今後の企画の参考とさせていただきますので、表裏面の項目について選択・ご記入いただければ幸いです。

ご感想等はウェブでも受付中です（抽選で書籍プレゼントあり）▶

年齢	（　　　）歳	性別	男性 ／ 女性 ／ その他
お住まいの地域	（　　　）都道府県 （　　　）市区町村		
職業	会社員　経営者　公務員　教員・研究者　学生　主婦　自営業　無職　その他（　　　）		
業種	製造　インフラ関連　金融・保険　不動産・ゼネコン　商社・卸売　小売・外食・サービス　運輸　情報通信　マスコミ　教育　医療・福祉　公務　その他（　　　）		

DIAMOND 愛読者クラブ メルマガ無料登録はこちら▶

書籍をもっと楽しむための情報をいち早くお届けします。ぜひご登録ください！
- 「読みたい本」と出合える厳選記事のご紹介
- 「学びを体験するイベント」のご案内・割引情報
- 会員限定「特典・プレゼント」のお知らせ

①本書をお買い上げいただいた理由は?

（新聞や雑誌で知って・タイトルにひかれて・著者や内容に興味がある　など）

②本書についての感想、ご意見などをお聞かせください

（よかったところ、悪かったところ・タイトル・著者・カバーデザイン・価格　など）

③本書のなかで一番よかったところ、心に残ったひと言など

④最近読んで、よかった本・雑誌・記事・HPなどを教えてください

⑤「こんな本があったら絶対に買う」というものがありましたら（解決したい悩みや、解消したい問題など）

⑥あなたのご意見・ご感想を、広告などの書籍のPRに使用してもよろしいですか?

1　可　　　　2　不可

※ご協力ありがとうございました。

第3章

事実質問の繋ぎ方

始め方から終わり方まで

ここまで、事実質問の作り方について、主に思い込み質問を変換するという形で示しました。思い込み質問を避けて、事実質問をすることがこの質問術の核心です。

ただし、その技術だけでは、流れを作りながら対話を進めていくには十分ではありません。なぜなら、作った事実質問を次々と繋いでいくことができないと、対話は続けられないからです。実際に事実質問で対話を進めようとすると、ただ変換するだけではなく、どういう方向に向けて事実質問を作り、それをどう繋いでいけばいいのか、その考え方と技術がどうしても必要となってきます。それを整理し、体系化したものが事実質問術です。

ここからは、始め方、終わり方、話題の転換の仕方など、事実質問を使って対話をする際に役立つ手法を紹介します。技術としての事実質問術は、これでひとまず出揃ったことになります。

STEP 1 最初は何から入ってもいい

まずは話を始めよう

まず重要なのは、常に事実質問をしなくてはならないという強迫観念を持たないようにすることです。つまり、**最初は何から聞いてもいい**のです。

公式に従いさえすれば、理屈の上では延々と質問を繋いでいくことが可能です。しかし実際にやってみると、3つや5つは何とか事実質問を作って繋いでいけるのだけれど、次に何を聞けばいいかわからなくなり、立ち往生してしまいます。この練習に取り組む方全員が、最初の頃は必ずぶつかる壁です。

そういう場合は、次の言葉が出ないで固まってしまうよりは、何でもいいから言ってみるほうがましです。繋がないといけないと考えて、事実質問に縛られ、神経質になるのが一番よくありません。

良い事実質問が思いつかなかったら、「それはよかったね」「たいへんだったね」と相槌を打ったり、あるいは、「どんな食べ物がお好きですか？」などと気持ちや考えを尋ねる思い込み質問をしても、大きな問題はありません。ただし、「辛いものが好きです」という答えに対して、「どうしてですか？」などの、よくないタイプの思い込み質問をしてしまうと、そこまでのやり取りが台無しです。

そこで大事なのは、**ひとつ思い込み質問をしたら、次は、事実質問をするよう心がける**

ことです。例えば、「いつ頃から辛いものがお好きなんですか。覚えてますか?」と「いつ質問」を使って聞いてあげれば、「子どもの時は好きじゃなかったのに、いつからかな?」などと自問自答を始めるかもしれません。

こうして人は、「思い出す」モードに入ります。そうしているうちに、忘れていた何かを思い出し、それを語り始めてくれ、うまくいけば、今の食生活に繋がる重要な出来事や要因に思い至るでしょう。

とにかく思い込み質問や一般化された質問をひとつしてしまったら、次の質問のネタはその答えの中から見つけて、できる限り事実を聞くよう心がけることです。

相手のいいところを見つけて聞き始める

テーマがない場合の始め方として、最も無難なのは、相手の持ち物などの中からひとつを見つけて、こちらから「これは何ですか?」と聞き始めるやり方です。もちろん、どう見てもメガネとわかっているのにそう聞くのは不自然極まりないので、実際には、「近視用のメガネですか?」とか、時計であれば「スマートウォッチですか?」とかもう少し特定して聞きます。

そのような場合、あなたが聞かれる側なら、気に入っているものと、そうでないもののどちらを聞かれたほうが前向きに答えますか。もちろん気に入っているものですよね。

このように**最初の質問は、いいところ、聞かれて心地よいところを見つけて、それについての事実質問から始める**ことをオススメします。そのためには、まず、相手のことをよく観察する必要があります。服装、持ち物、相手のオフィスでの場合は家具調度品など。特に前に見た時と変わっているところやモノを見つけたら、そこが単純な事実質問を始める入り口になります。

ちなみに、今のあなたの持ち物や服装などで「これについて聞いてくれたら嬉しい」ものが何かあれば、それに対してどういう質問が可能になるか少し考えてみるといい練習になります。

ところで、変化を見つけるということでは「髪切ったの？」などはその典型ですが、本人が気に入っているかどうかはなかなかわからないので、本当に素敵だなと思った場合以外は大げさに褒めないほうがいいでしょう。

とはいえ、自分が本当に素敵だなと思ったり、本気で関心を持った場合は、反応をあまり気にしないで、それについて聞き始めるのが一番自然かもしれません。思ったより相手の反応が薄い場合もありますが、それで本当に気分を害することはまずありません。その際の返事をしっかり受け止めて、次の質問をすればいいわけですから。

例えば、「メガネ変えたんですね。かっこいいな」と言ってみたけれど、相手は、「そうですか」のひとこと。相手の表情から、聞き続けても仕方ないと判断したら、それに固執せず、別の話題を探しましょう。

ちなみに別の話題を探す際の便利質問として「この前会ったのは**いつ**でしたっけ？」とさりげなく聞くというのがあります。相手が「先月でしたよね」。するとこちらは、「そういえば、あの時飲んだチャイ、おいしかったですよね。チャイ飲んだの初めてと言ってましたが、その後、飲んでみましたか？ 僕は、先週インド料理屋で飲んだんですが」というふうに記憶を辿って、仕切り直したりします。

STEP 2 相手の答えの上に次の質問を重ねる

ここまで紹介した事実質問の手法は、こちらから話を切り出し、質問を繋いでいくことを前提に手法が設計されているので、一見すると単なる質問術のように思われがちです。実際、そういう理解をされている方が多いようです。しかし、その本質は、実は、**質問することより、相手の話を聞くこと**にあります。相手の話をよく聞いていないと、次に何を質問すればいいのかすぐにわからなくなるからです。

特に、初めのうちは、次の質問を考えるのに必死で、こちらの質問に対する相手の答えをしっかり聞いていないことが多いのですが、それこそ本末転倒と言うものです。つまり、相手の答えをよく聞いて、それに対して次の質問を考えるというプロセスを厳守するのが事実質問術の鉄則であり、その意義と本質もそこにあるのです。

「聞く」という日本語には、「聴く」という意味と「訊く（尋ねる）」の意味があり、その両方ができてこそ、真の傾聴なのです。その意味では、事実質問は、究極の聴く技術、傾聴術の上に成り立っていると言えます。こちらが相手の話をよく聞こうとしていることが伝わると、徐々に距離が縮まり、心を開いてくれるようになります。ここに事実質問の本領があります。

話をよく聞けば、次の質問は見えてくる

事実質問を繋ぐに際して、最も基本となるのは、前述のように、「相手の答えをよく聞いたうえで、それに繋げる形で質問する」ことです。相手の答えの中に、次の質問のネタを見つけるのです。あれこれと思いを巡らす必要はなく、相手の答えをよく聞いてさえいれば、何とか次の質問が見つかります。これが事実質問を繋げる際の大原則、黄金律です。

単純な例としては、以下のようなものがあります。

A 今朝は、ゴミを出しましたか？
B はい。
A どんなゴミでしたか？

B　プラスチックなどの資源ゴミでした。
A　どこに出しましたか？
（あるいは）誰が出しに行きましたか？

次の事例もそれほど複雑なものではありません。「近頃よく宿題を忘れる」という中学生の息子さん相手のやり取りです。

父親　一番最近忘れたのは**いつ**？
息子　先週。うっかり忘れて先生に叱られたんだ。
父親　その前に忘れたのは**いつ**だったの？
息子　1ヶ月くらい前かな。その時も先生に少し注意された。
父親　じゃあ、**その前**に忘れたのは？
息子　そういえば、その前は宿題忘れたことなかったかもしれない。全然思い出せないもの。

ここでは「その前は？」「その前は？」と単純に聞き続けただけです。基本公式①『なぜ？』と聞きたくなったら、『いつ？』と聞く」に素直に従って聞いていっただけで、ややこしい技術は何も使っていません。

なお、このように同じ質問を繰り返すのは、経験的には、3回くらいが限度のような気がしますが、大事なことが次々と明らかになる場合などは、相手の様子を見ながら、もう少し続けても大丈夫なようです。

繰り返し尋ねて、事実を数珠つなぎに引き出す

例として133ページの「3）他の皆さんはどう言ってるんですか？（職場の会議の時に）」のシーンの続きを考えてみましょう。

一般化された質問を事実質問に変える際には、ひと工夫して、相手の方から固有名詞が出てくるように仕向ける必要がありました。

あなた　どなたかそれに反対意見を述べられた方は**いましたか？**

部下　はい。

あなた　いたのですね。（念のため確認しています）

部下　いました。

あなた　**何人**くらいいましたか？

部下　5人くらいはいました。

あなた　差し支えなければ、その方々の**お名前**を教えていただけませんか？

部下　Cさんと、DさんとEさんとかだったかな。

あなた　ちなみに**Dさん**の場合、具体的にどういう言葉で反対を表現されて**いましたか？**

部下　計画には納得がいかない部分があるというような言い方をされていたと思います。

あなた　では、**Eさん**の場合はどう**でしたか？**

部下　もっと早く知らせて欲しかったとおっしゃっただけで、計画自体に反対とは、はっきりは言われませんでした。

などと聞き続けていきます。これも基本的には数珠つなぎになっています。

このケースのように少々センシティブな話題に踏み入っていく際には、自然な流れを作りながら、段階を踏んで聞いていく必要があります。そのためのテクニックとしても、この**数珠つなぎ方式**はとても有効です。

相手からすれば、自然な流れの中で、つい言わされてしまったという感じがするかもしれませんが、苦笑することはあっても、反感を持つことはありません。その流れに乗って話したのは自分なのですから。

事実に事実を継げば、信頼が深まる

このように、数珠つなぎ式のやり方は、質問を繋ぎやすく、流れを作りやすいという利点を持っています。同時に、答える側にも自然な感じを与えることができます。

久々に友だち同士が会っておしゃべりが始まったとします。

Side 1

F　昨日の日曜日はお休みだったの？
G　うん、土曜は出勤だったけど。
F　昨日は何したの？
G　午前中少しランニングしたわ。
F　へ〜、えらいね。で晩御飯はどうしたの？
G　買い物行くのが面倒なんで、冷蔵庫にあるものを適当に温めて食べたわ。
F　そうなの、私は、一人で近所のカフェで軽く食べたの。ところで次のお休み、いっしょにランチしない？　行きたいお店があるの。

よくあるパターンですよね。
では、以下のバージョンではいかがでしょうか。同じシチュエーションです。

F　昨日の日曜日はお休みだったの？

G　うん、土曜は出勤だったけど。

F　昨日は何したの？

G　午前中少しランニングしたわ。

F　すごーい！　**どのくらい**走ったの？

G　たった20分ほどよ。全然すごくないわ。まだ走り始めたばかりなので、たいして走れないの。

F　**いつ**から始めたの？

G　2週間前から。週に3回は走ろうと決めたの。

F　今のところ、やれてる？

G　うん、何とか。

F　**何か**きっかけが**あったの？**

G　特に大きなきっかけはなかったんだけど、しばらく前から何となく気分も体もすっきりしなかったの。そしたら、職場の仲間が「ランニングすると心身ともにすっきりしますよ。ほんの少しずつでいいので、とにかく続けることです。まずは１ヶ月続けてみることです」なんて言ってたんで、私もやってみることにしたの。

F 2週間あまりやってみて、**何か**変わった？

G うん、少しはね。特に昨日みたいなお休みの朝に、今日は何しようかな、買い物にでも行こうかな、でも特に欲しいものもないしな、なんて迷うことが多かったんだけど、今はとにかく走りに出ればいいし、終わったら爽快だし。効果と言うほどではないけど、続けてみようかなとは思ってる。

F 昨日はお休みだったけど、仕事の日は**いつ**走るようにしてるの？

G 正直、日によりけりで、なるべく早起きして走ろうと思ってるんだけど、そうはいかない日もあるから、早く帰れた日は夕食の前に、近所を少しだけ走ったりしてる。

F ホントにえらい！　私も何か体を動かしてみようかな。ねえ、今度のお休みに、ランチでお話聞かせてくれない？

という具合に進んだ場合とを比べてみてください。Side2の場合、会話がテンポよく盛り上がっていますよね。きっと、ランチでも楽しく話せることでしょう。

質問の繋ぎ方という視点から両者を比べてみます。Side1の場合、相手の答えに重ねていない箇所（相手の答えの上に次の質問をしていない箇所）があります。どこだかわかりますか？

そうです。「へ～、えらいね。で晩御飯はどうしたの？」の質問ですね。せっかく「ランニングをしたの」と相手が答えてくれたのに、それをすっ飛ばし、自分が聞きたいこと、つまり食事のことに話題を移したのです。聞かれている方があなただとすると、どう感じるでしょうか。気を悪くするとまではいかないでしょうが、「ランニングのことは聞いてもらえなかったな」と感じ、いい気分にはならないのではないでしょうか。

聞いている側の都合や思惑で、話題を勝手に変えたという印象を持たれると、両者の心理的な距離は確実に遠くなります。一回なら少しだけかもしれませんが、それが重なるとやがては距離を縮めるのが難しくなるところまでいきます。心を開いて話をするという雰囲気はなくなってしまいます。

それまでの話の流れをできるだけ尊重しながら、**相手の答えの上に次の質問を継いでい**

く よう努めることで、両者の距離を徐々に近づけていくことが大切なわけです。

その点でSide2のやり取りは、自然でいい流れが作れていて、互いに心を開いて話をする雰囲気になっていますよね。「相手の答えの上に次の質問を重ねる」という基本STEPに即した質問をしていることによる効果と言えるでしょう。

STEP 3 止まったら、分岐点に戻って再開する

回復点を用意しておく

ひとつかふたつではなく、ある程度の数の事実質問を繋げるようになったら次にぶつかるのが、質問の行き止まりという問題です。

例えば、「最近元気がない友人に近頃の生活について聞き始めたところ、食事のことを気に病んでいるように思えたので、そちらの方向に話題を運んでいった。しかししばらく聞いていくうちに、それほど深刻ではなく、続けてこれを聞いていっても意味がないことがわかった場合」です。

軽い近況報告やエピソードの共有に終始していいような場合はともかく、本格的な悩み

相談になった時や、面談など場を設けてのやり取りの場合は、そこを乗り越えられなければ、せっかく始めた対話は先に進まなくなります。

これは誰にでもあることなので、途中で行き詰まった際の手立てを前もって講じておくといいでしょう。この手立てを私たちは、「回復点を置く」と呼んでいます。ある方向に話を進めていって、そこから先に行けなくなったときのために「後戻りして再出発するための話題」を、対話の途中で見つけて覚えておくのです。

ただし、再出発に際しても、まず大切なのは、**相手の答えの上に次の質問を繋ぐ**という原則にできるだけ従うことです。

先ほどの事例のように、相手がランニングのことを話してくれたのに、夕食のことに飛ぶと、話の流れが途切れるし、何より、相手は自分の話を聞いてもらっていないという気持ちになります。

しかし、行き詰まるということは、それができなくなるということですから、質問の方向を変えるしかありません。その場合は、前に相手が答えてくれたことを思い出して、それを出発点に再度聞き始めるのです。

実例に沿って見て行きましょう。

Hさんは、仕事で出会った同年代の男性Iさんが高級そうな腕時計をしているのが目に留まりました。自分も腕時計に興味を持っているので、まずはその話から入ることにしました。

H　いい時計をしてますね。どこの国のブランドですか？
I　スイスです。
H　なんというブランドですか？
I　（ブランド名）です。
H　いつから持ってますか？
I　5年くらい前からです。
H　他にもスイスのブランド時計をお持ちですか
I　いやこれだけです。
H　どこで買ったのですか？

I　いや、買ったのではなくて、兄のプレゼントです。海外駐在中、一時帰国した時に、お土産にくれました。ドバイの空港で買ったのだそうです。

H　へー、海外駐在中のお兄さんからのプレゼントですか。うらやましいですね。前からそのブランドの時計を欲しいとお兄さんに伝えてあったのですか？

I　いや、兄が自分の趣味で選んでくれたのだと思います。私は時計のことはあまり詳しくありませんので。

ここで質問が行き詰まりました。これ以上Iさんと腕時計のブランドの話をしても、意味がありません。Hさんは、方向性を変える必要に迫られたわけです。

では、あなたなら次は何と聞きますか？

正解があるわけではないのですが、例えば、次のように聞いて行けます。

H　5年前に、海外駐在しているお兄さんからプレゼントされたとのことでしたが、当時はあなたは何をなさっていたのですか？

I　大学を出て就職したばかりでした。

H　入られたのは、今おられる自動車会社ですか？

I　はい、そうです。時計のプレゼントは、兄からすれば、就職祝いのつもりだったようです。

H　その腕時計をつけて会社に行かれたのですか？

I　とんでもない、安月給の新人が、こんな高級時計をつけて行ったら、どこかのボンボンと思われるかもしれないので、しばらくは学生時代からつけていた国産の普通の時計をしていました（笑）

H　でも、今日はつけてますよね。いつ頃からつけ始めたのですか？

I　去年の春からです。同期の中には、近頃は、ボーナスでいいスーツを作って着てるのもいるし、去年、海外営業部に移った時、係長から「身だしなみに気を配って、下に見られないようにしたほうがいいよ」とアドバイスされたこともあって、これをつけることにしたのです。

H　つけてみて、何か変化はありましたか？

｜はい、そうい えば……

という具合に進めて行けば、ビジネスにも関わる面白い展開になることも期待できそうです。

ここで改めて注目してほしいのが傍線部の質問です。「5年前に、海外駐在しているお兄さんからプレゼントされたとのことでしたが……」という話の切り出しは、相手の言葉の上に質問を繋ぐという原則に従っているのですが、おわかりでしょうか。話題を変える場合でも、このように一工夫すれば、相手に違和感を抱かせることなく、自然に方向転換できるということです。

さらに、それがうまくできたのには、伏線がありました。それは、「へー、海外駐在中のお兄さんからのプレゼントですか。うらやましいですね」とわざわざ声に出して言ったことです。これは、相手の言ったことをこちらもそのまま繰り返して言う、リピーティングという手法で、カウンセリングの基本技能の一つでもあります。

Hさんは、本当に驚いたからそう言ったのですが、別の思惑もありました。「5年前」

「海外駐在中のお兄さん」というキーワードを記憶にとどめておくために、少し大げさに繰り返したのです。そのような回復点を設置しておくと、話題が行き詰まっても、そこに戻って、別のキーワードから質問をやり直しやすくなります。Hさんは、「ここが話の方向性を選ぶ分岐点になっているのではないか」と直感し、わざわざ声に出したわけです。

Hさんはその場では「スイス時計の話」「5年前」「お兄さん」という複数のキーワードの中からスイス時計の話を選び、ブランドについてそのまま聞き続けたのですが、すぐに頓挫してしまいました。そこでその分岐点に戻ってそれらのキーワードを思い出し、その中から別のもの、つまり「5年前」を選んで再度聞き始めたというわけです。

ところで、ここでは別の選択肢もありました。「海外駐在のお兄さん」については、まだ事実質問をしていませんね。

これを選べば、例えば次のように聞いて行けます。

H　その時、お兄さんは、どこに駐在されていたのですか？

I　南アフリカ共和国です。

H　遠いところですね。どんなお仕事をされていたのですか？

I　レアメタルの採掘と輸入に関わる仕事です。

H　何のレアメタルですか？

I　主にリチウムです。聞いたことありますか？

H　はい、スマホとかのバッテリーに使われているレアメタルですね。それは南アフリカで採れるのですか？

（さらに続ける）

という具合です。

実際にやってみると、この分岐点をその場で明確に意識して設置し、覚えておくのは簡単でないかもしれません。でも、あまり深刻に考えないで、ピンと来たことがあったら、とにかく声に出したり、大げさなくらいに相手の話を繰り返したりしておけば、あとで思い出しやすくなることは確実です。必ず役に立つとは限らないものの、そのように心がけることで、自分自身を俯瞰する習慣が徐々に付いていくという効用もあります。

ちなみに、ここでひとつ注意してほしいことがあります。ほとんどの人は、事例のように「どこで買ったのですか？」と聞いてしまうのですが、これは厳密には思い込み質問です。実際には、買ったものではありませんでしたよね。つまり、この時計は買ったものだ、という聞き手の思い込みが質問に反映されているわけです。

実際の対話では、こうした小さなねじれの積み重ねが、対話の質を損ねていきます。自分で書きながら練習する場合は、後で、そういう点もチェックしながら読み直してみると、事実質問の仕方、繋ぎ方のコツがよく見えてくるはずです。

緩衝材の質問「覚えていますか？」

とはいえ、思い出そうとしても、思い出せないほど昔のことや、複雑なこと、特に数字についての質問などは、「よく思い出せない」ということが、人にはよくあります。それほど前のことでなくても、先週どこか近くに行った際の電車賃などは、なかなか思い出せません。あるいは、先月の今日の昼ごはんに何を食べたかなど、覚えているほうが不思議ですよね。

覚えているかどうか怪しいが、どうしても聞いておきたい質問をする場合は、「覚えていますか? もし、覚えていらっしゃるようでしたら、教えてください」というような配慮を加えた質問をする必要があります。そうしないと、相手は適当に繕って答えてしまい、かえって混乱を招くことにもなりかねません。

記憶が怪しそうな場合は、「覚えていますか?」とひとこと付け加えること。これもよく覚えておいてください。

STEP 4 答えやすい質問をする

刑事の尋問にならないために

このように、事実質問による対話は、仕事上はもちろんのこと、友人、家族、職場の同僚など日常の人間関係においても効力があります。

ここでよく出る質問に「事実だけ聞いていくと、刑事の尋問のようになり、相手に怪しまれてしまうおそれはありませんか」というのがあります。実際にそうなって困ってしまったというケースも多いようです。

これは事実質問が行き詰まる典型的なケースのひとつです。この不安が克服できないと、質問を続けるのを躊躇してしまいますよね。

「思い出すだけで正確に答えられる質問」をする

そのためのコツは一言で言えば、「相手が答えやすい質問をする」ということです。

「答えやすい」というのには大きく2つの意味があります。

そのひとつ目は文字通り、簡単に答えが見出せるような「思い出すだけで答えられる質問」をするということです。あれこれ考えを巡らして答えを探さなくても、少し思い出しさえすれば楽に正しく答えられるなら、大きな負担には通常なりません。（ちなみにその真逆が「どう質問」や「なぜ質問」というわけです。考えを巡らせないと答えられないし、忖度が必要だったりもするので、答えにくい、面倒な質問です）。

もう一つの側面は、「心理的に答えやすいこと」です。相手に嫌なことを思い出させるような質問を無神経にしていって、相手が心を開くはずがありません。質問の形が事実質問だからといって、答えやすいとは限らないということです。

さらに相手にとって「答えにくい質問」をしてしまうと、答えがあいまいになったり、はぐらかされたりするため、次の質問が繋ぎにくくなります。

「答えにくい質問」をしない1つのコツ

では、その質問が相手にとって答えやすいかどうかを知るためにはどうすればいいのでしょう。

さほど複雑なことではありません。その方法は「自分が聞かれたらイヤかどうかを**思い出す**」ことを通じて、推測するのです。

相手の立場になって思い出すというのは、「自分にも同じような経験はなかっただろうか、あるとしたらその時、自分はどう感じただろうか」というように思いを巡らせることを指します。

ここでもまた、自分勝手に「考える」のではなく**まずは事実を具体的に「思い出す」ように心がけてみる**とよいでしょう。そうした自己の類似体験を基に相手の気持ちを推し量りながら、質問を組み立てていくということです。

例えば、相手のハンドバッグが新しくなっていた時のことを考えてみましょう。「いくらしたの？」という質問は、相手にとって答えやすいでしょうか。それが安かった場合、答えやすいでしょうか。高かった場合はどうでしょうか？

どちらも答えにくいですね。逆に、値段が相場の周辺だった場合はきっと答えやすいでしょう。

とはいえ、こういうことを常にその場で考えながら質問を継いでいくのはたいへんです。ですから、実際には、感覚的に答えにくそうな質問はなるべく避けて、シンプルな質問を繋いでいくのが無難です。それらは「答えられない」と判断して止める癖をつけていくのがよいでしょう。

そうしているうちに、「答えにくいかもしれないが、これはどうしても聞いておかなくては」という質問が浮上してくる時もあるでしょう。そんな時には少し間を置くなど、考慮する時間を設けて質問を考えるのをオススメします。これも慣れの問題ですので、とにかく練習あるのみです。

事実質問で、相手の自己肯定感も高まる

心を開いてもらうために最も大切なのは、相手に対して最大限の敬意を払うことです。しかし、それが伝わるような対話ができなければ、その敬意は持たないも同じです。

私は、相手が答えられる簡単な事実質問をすることが、**敬意を伝えるために最高の方法**だと確信しています。簡単な事実質問に答えているうちに、相手の自己肯定感が高まり、自然、互いの心が開かれてくることを無数の実践を通して体感しているのです。

逆に相手の自己肯定感が下がってしまうと、心を開いてもらうのはとても難しくなります。もっと良くないのは、前向きな気持ちになれないため、問題に対処する意欲が落ちることです。

ただし、この自己肯定感、あるいは自尊感情（英語のセルフエスティームの訳語）というのはなかなかやっかいな感情です。一見「人にどう見られるか」を気にするプライドや羞恥心と似ているようですが、自尊感情の場合は「自分で自分をどう見るか」にかかっているという点で視点が違います。だから、いくら褒めようとおだてようと、簡単には上げられません。

他方、事実質問は「思い出すだけで答えられる」というその性質上、すばやく正確に答

えやすいので、相手も答えているうちに自信がついてきます。同時に、そういうことを聞いてくれている相手に対する信頼感が「無意識のうちに増してくる」というのが、その仕組みと考えられます。

「自己肯定感に配慮する」と言うと、何か特別なことをしなくてはならないように思われるかもしれませんが、そうではありません。見下さず、へりくだり過ぎず、小細工を弄せず、相手と正面から向き合うことです。事実質問は、その姿勢を表現するために最適な手段なのです。

低姿勢ワンポイント介入で事実を聞き出す

例えば前述の「空中戦」のような会話に出会ったとしたら、あなたはどうするでしょうか。「それは思い込みですね」とあまりに直截に言うと誰かのプライドを傷つける結果にもなりかねません。相手の自己肯定感を下げないように注意しながら質問することがとても大切になってきます。

具体的には、「私は鈍いものですから、そのお話、今一つ理解できません。具体的な例を挙げていただけると嬉しいのですが」あるいは、「そういうことが以前にあったように私も思うのですが、このごろ物忘れがひどく、なかなか思い出せません。いつのことでしたっけ？」というようにできるだけ低姿勢な事実質問で介入するのが好ましいわけです。しかも質問をいくつも繋いでいく必要は必ずしもありません。ワンポイントでもいいのです。

このワンポイント介入の感覚がつかめれば、一気に視界が広がってきます。しかも、たった一度でもやれば、景色が変わる経験が得られます。焦らず気張らず、気楽にチャンスを窺っていれば、その場はいつかやってくるはずです。

仮に、すぐには場が見つけられなかったり、うまく介入できなかったりした場合も、失望する必要は全くありません。機会がなかっただけですから、気長に次を待てばいいのです。

ゆったり気長に構えるのが、事実質問術の一番大切な姿勢です。自分に対してもそのように向き合う練習から始めることをオススメします。

STEP 5

終わり方は考えなくていい

まず、予想通りにはならないから

　ここまで紹介してきた事例を読んで、こんなにうまくいくものだろうかと疑問に思った方もいるでしょう。あるいは、自分もこういう対話ができるようになりたいという思いが募ってきたかもしれません。

　ここで改めて断っておきたいのですが、それらの事例のほとんどは、たまたまうまくいったもので、実際には、そこまでいかない場合もいくらでもあるということです。事実質問術の基本をある程度マスターしている必要があることはもちろんですが、結果がどうなるかは偶然の要素が大きいのです。

　考えてみるとそれは当然です。丁寧に聞いてみないことには、相手からどんな話がどこで飛び出してくるか、絶対にわかりませんよね。想定通りに話が進み、予定調和的な結果に落ち着くことがあります。突然、とんでもないエピソードが出てきて天を仰ぐことも少なからずあります。秘密を打ち明けられ立ち往生することさえあるのです。

したがって、終わり方、締めくくり方のイメージを持って話を始めても意味がありません。互いが幸福な気持ちで終わることができた話し合いであっても、問題について大きな気づきをもたらし鮮やかに終えた対話であっても、予断を持たず、淡々とシンプルな事実質問を繋いでいくのみ、という大原則をしっかり維持しながら対話していった結果でしかないのです。

淡々と事実を確認し続けよう

私たちにできることは、自分の質問をモニターしながら、思い込み質問を避けて、ひとつでもふたつでも事実質問ができるようになることを目指して、練習を積み重ねるのみです。ひとつかふたつの事実質問でも、景色が変わるような効果をもたらすこともあります。

他方、相手は単に話を聞いて欲しいだけなのに、無理に分析させて結論に導こうとして、かえって信用を失ったことも、一度や二度ではありません（私自身、特に夫婦間では、未だにこういう失態を犯すことがあります）。聞いて欲しいだけなのか、何らかのアドバイスを求めているのか、本人もわからないまま話し始めることが多いので、最初から方向づけるのはほとんど不可能です。前のめりにならないで、淡々と相手の話を聞き始めるしかありません。

ただし、税理士や医師や教師、専門分野を持つカウンセラーやコンサルタントなど、専門性と豊富な経験を持った方であれば、少し聞いただけで筋道を描ける場合も確かにあります。そういう場合でも、やり取りの最初のうちは、この「終わり方は考えなくていい」という格言を肝に銘じて、淡々と誠実に相手の話に耳を傾けるための事実質問に集中することを強くオススメしています。

自らの「思い込み」に自覚的になる練習

事実質問術について、たくさんのことを書いてきました。すべて覚えておく必要はありません。実際の対話の場ではそれらをいちいち思い出したりする余裕もありませんから。

「事実質問とそうでない質問の区別がその場でできるようになる」とともに、「簡単な事実質問だったらいくつか繋げるようになってから」の実践において心すべき技術的なポイントは、以下の3つに集約されます。

総括

事実質問の技術的ポイント

- 考えさせるのではなく、思い出させる質問をすること
- 相手の答えの上に次の質問を継ぐこと
- 相手にとって答えやすいかどうかを、常に自らに問いながら質問を作ること

これらが何とかできているなと感じるようになれば、見える景色も変わってきているはずです。

ただし、その際にまず必要なのは、「なぜ、どうして」と聞こうとしている自分に気が付くことです。自分が「思い込み質問」をしていることに気づけていなければ、その先が続きようがありません。これは事実質問術に限らず、あらゆるコミュニケーションやファシリテーションの手法に共通することで、まずは、自分自身の振る舞いを客観的に観察する態度を持つことがすべての始まりになるということです。

コラム

いつも事実質問モードでなくてもいい

自己の質問のあり方に意識を向け続けるためには、緊張感の維持が必要です。いつもやっていると、気分的に疲れてきます。ですから、普通の日常会話においては、そこそこにしておいたほうがいいかもしれません。とりとめのないおしゃべりを楽しむのであれば、思いっきり思い込み質問をしたり、根拠のない意見を振りまいたりするのも悪くありません。

そうした中で、何かひらめいたことがあったり、このまま空中戦を続けるべきでないと感じたりしたら、頭のスイッチを「思い込み質問モード」から、「事実質問モード」に切り替えて対話に臨むようにすればいいのです。どこでどう切り替えるかについては、特に基準のようなものはありませんが、空中戦に嫌気がさしたと感じたりした時が、そのタイミングでしょう。相手から提起された問題や悩みが思っていたより深刻なことが判明したら、その時はぜひともモードの切り替えが必要ですよね。

私自身、誰も聞いていないのに自説を延々と述べたり、たいしたものでもない理屈をこねくり回したりしている自覚はありますが、こういうことを人に教えている手前、「なぜ質問」と「どう質問」は、皆無と言えるほどしていません。それらを全く使わなくても、日常会話に何の支障もないのです。

それから、岡目八目と言うように、人のことは、はっきり見えるものです。他者の会話などを聞いていると、思い込みと思い込みの応酬ばかりで、話の中身はあまり進んでいないことに気が付いて愕然としたり、いらいらしたりすること請け合いです。

特に何かにつけ「なぜ質問」をする友人や同僚、求められてもいないアドバイスを部下に対して闇雲にする上司の存在に気が付くと、フラストレーションが募ってきます。そういう時は、世に多い「あるある」のひとつと気楽に捉えて、自分の事実質問術の技能の向上に使えるもの以外はスルーするように努めることです。言うまでもなく、一番大切なのは、自分のメンタルヘルスです。

第4章
事実質問がすべて解決する

前章では、事実質問の繋ぎ方を詳しく紹介しました。その際、事実質問術の基礎には、思い込み質問が浮かびそうになったら（1つはいいというものの）「それを押しとどめて、事実質問に置き換えて聞く」ということを据えました。

皆さんが日々直面している複雑な問題・課題の分析を進めていくためには、事実質問でもかなりの量のやり取りを重ねていく必要があり、そこでは質問を繋げていく技能が求められます。また、そのためには、組み立てを考えながら対話していくための技能も必要となってきます。事実質問術には、そうした、つなぎ方、組み立て方、そしてその背景にある考え方も含まれています。

4章では、そうした際に役に立つ公式や考え方を紹介していきます。ここからは「問題・課題を分析するための事実質問」という少し高度なレベルに入っていくことになります。そしてこれこそ、事実質問術の本領が発揮される、まさに真骨頂なのです。

大原則：「解決はしてはいけない、させるもの」

さて、ここからさっそく本論に入っていきたいところですが、その前に、まず大原則をお伝えしておきます。

それは、「問題・課題はこちらが解決するものではない」「当事者がそれを行うよう促し、行えるよう支援するものである」ということです。「**解決はしてはいけない、させるもの**」と短く言い換えることもできるでしょう。

それを象徴するエピソードをひとつ紹介します。「事実質問」に関する講座でのことです。「改めたい習慣」について相手に尋ね、二人一組で互いに質問しあうというワークを行いました。

ある国際協力組織の女性スタッフーさんと主催者側のアシスタントMさん（男性）がペアを組みました。Iさんの問題は「職場の机の上にいつも書類が乱雑に積み上げられていて、ぜんぜん片付かないこと」でした。Mさんは事実質問の公式に沿って要領よく彼女の問題の分析を進めていきました。

まず、「机の上が片付かないことで、仕事の効率が落ちているのか」と質問してみます。そこから、「最近それで実際に困ったことがあるか」「それはいつだったか」「誰がどのように困ったか」などと具体的な事例を聞き込んでいきます。

（※後述する「問題分析と解決のための事実質問の公式＝「分析と解決の公式」の連打なのですが、ここではその紹介はいったん割愛します）。

すると、彼女は、「よく考えてみれば、作業効率はほとんど落ちていないみたい」と答えました。これを受けてMさんはしばらく黙ってみました。しかしIさんからは具体的な反応はありません。

そこで、Mさんは次のように質問の矛先を変えてみました。

「では、職場の同僚で、机の上がきれいに片付いている人がいますか？」

するとIさんはしばらく考えてから、「います」と答えました。しかし、あいにくそのへんで時間切れになり、二人は、やり取りを終えなくてはなりませんでした。

数十分後、講座の次のステップとして、それぞれのペアによるやり取りの振り返りが始まりました。Iさんの番が来ると、彼女が興奮気味に話し出したのです。

「私わかったんです。『職場の同僚で机の上が片付いている人がいますか』と聞かれた時に。実は、いつもきれいに片付けている人は、二人とも男性職員だったんです。その一人は私の隣の席の若い男の子です。
それを思い出した時、私、はっと気がついたんです。男性があんなにきれいに片付けているのに、女である私が乱雑にしていることに、私はコンプレックスを感じているんだ。だから、そのことがあんなに気になるんだ、と」

つまり、Iさんの本当の問題は、机の上が片付かないという物理的な状態ではなく、「女のくせに」とつい考えてしまう彼女の姿勢、いわゆる「ジェンダーバイアス」だったのです。事実質問による「**分析と解決の公式**」に従って聞き手が対話を進めていった結果として、Iさん自らがこのことに気づいたのでした。それで問題が根本的に解決されたわけではないにしても、以前ほどはそれが苦にならなくなったそうです。さらに、より収納スペースの大きな机の導入を提案するなど、現実的な対策を進めたりもしました。

本来であれば、事実質問の公式に従ってさらに質問を続けるのが適切だったでしょう。しかし時間切れになったので、続きはできませんでした。

ところが**Iさんは、自分の中で、その続きをやった**のです。すると彼女の内面で新たな気づきが起きました。Iさんは最終的にそれを皆に言わないではいられなかったわけです。

気づくまでにはタイムラグがある

ここで留意すべきは、Mさんが最後の質問をしてから、Iさんの気づきが起こるまでに多少の時間があったということです。

この働きかけから気づきに至るまでの間の時間的なずれの存在を理解し、意識することが重要です。働きかけられてから、何らかの気づきに至るまでには、ある程度の時間が必要なことがある、つまりその間にはタイムラグが存在しうるということです。

解決は、外部のあなたがするものではありません。あなたにできるのは、その人の思い込みを取り去り、事実を示すことにより、その人の内的対話を促すことまでです。そして「信じて待つ」「解決してくれるのを待つ」ほかないのです。

まずはこの前提をじっくりと飲み込んでください。この心構えがなければ、あなたがこれからしようとしているのはどこかで「おせっかい型」のアドバイスになるリスクを秘めています。「解決はしてはいけない、させるもの」だということが納得できたなら、次の4つのフェーズに順に取り組んでいきましょう。

1 問題・課題を定義する
2 当事者が誰なのか確認する
3 事実質問による8つの「分析と解決の公式」
4 解決のために、「信じて待つ」

PHASE 1 問題・課題を定義する

事実を基準に、理想と現実の距離を確認する

「問題ありません」「それは問題です」「問題は何ですか」などなど、この言葉を使わない日はないくらい、私たちは毎日、問題について語っています。では、問題とは一体何でしょう。どう定義できるのでしょうか。一般的には、「困ったこと」「解決したい何か」などということなのでしょうが、正面切って問われると、なかなか明確な定義が見つからないかもしれません。

他方、コンサルタントなどのプロの世界では、完全に統一されているわけではないもの

の、かなり共通の定義があります。そこでは、「問題とは、『こうありたい姿』と『現実の姿』との距離である」とするのだそうです。だとすると、その間の距離が大きいと問題が大きいということになり、距離が短ければ問題も小さいということになります。

この定義に従うなら、問題は完全に解決できるものではないとも考えられます。距離をできるだけ縮めて行って、当事者が満足した時点で、解決したということになるだけかもしれませんね。

では、この距離を縮めるためには、どうしたらいいでしょう。それには2つの方法があるのですが、おわかりでしょうか。

まず思いつくのは、①**こうありたい姿に向けて現実を変えていくやり方です**。それに対して、実際には何もしなくてもできる楽なやり方があります。それは、②**こうありたい姿を変える**、つまり**目標を下げる**ことです。目標を下げれば、現状が変わらなくとも距離は自然に縮まるわけです。

例えば、ある零細企業の経営者が毎月の売り上げが2,000万円のところを「年内に4,000万円まで上げたい」と相談に来たとします。そうしないと利益が出ないというのです。

コンサルタントは、それが現実的かつ妥当な目標かどうかを経営者と話し合います。そうしているうちに、削減できる経費がかなりあるのでそんなに売り上げなくても十分に利益が出せることもわかり、3,000万円を当面の目標に据えましょうという合意に達しました。

このように、まず現実と目標の距離をはっきりさせて、その後、売り上げを伸ばすために何ができるのかを明らかにする作業に移るのが、問題解決の手順というわけです。

逆に言えば、この距離がはっきりできなければ、問題には適切に対処できません。「○○が足りない」というあいまいな状況認識から即、対処行動に出ても、問題は決して解決しません。だから、「いくら足りないの？」と聞いていくしかないのです。

先日、友人の息子の高校生のNさんが、「成績を上げたいので塾に行かせてくれ」と頼んできたそうです。そこで、父親は、今の成績がどのくらいなのか、それをどのくらいまで上げたいのかを尋ねてみたのですが、Nさんは、そのどちらも明確に答えることができませんでした。

すると、それを横で聞いていた大学生のお姉さんが、「塾に行ったら成績が上がるというのは、幻想もいいとこやで！」とぴしゃりとやっつけてしまったのです。Nさんのほうも、意外にもけっこうさっぱりした表情になって、「わかった。もう少し考えてみる」と言って自分の部屋に戻って行ったとのことでした。

問題を現実と理想との距離と定義するなら、問題分析の核心は、その距離を明らかにする作業になります。そしてその作業こそ、事実質問術の最も得意とするところなのです。

あやふやな問題を「思い込み」から引き出す

もう少し詳しく説明してみましょう。まず、私たちが扱う問題は、基本的には一般化した言い方、書き方で表されます。世の中によくある問題をいくつか以下に挙げてみましょう。

①睡眠不足でいつも眠い
②出費が多くて貯金ができない
③本を読む時間がない

④ＳＮＳでのやり取りが面倒
⑤家族の仲が悪い
⑥Ｃ課長の機嫌が悪い
⑦営業のノルマがきつい

そろそろ皆さんも気づき始めているかもしれませんが、これらはすべてまだ「事実」になっていませんね。これらは、明確な時制を伴わない一般化されたことばで表されていますので、「いつ質問」によって、ある特定の出来事、つまり事実を思い出してもらい、俎上に載せることができます。つまり、「どこ、何、誰」などの事実質問を続けていけるわけです。この事実質問による確認作業をすれば、理想と現実のうち、現実のほうを明らかにすることができます。

事実質問を通じて、その問題が実際に起こった状態をいくつか思い出してもらえば、問題の姿が具体的なイメージを伴って浮かび上がってきます。

そして理想とは、そうでない状態、あるいはそうならない状態のことです。例えば、次のような例ですね。

①睡眠不足でいつも眠い
↓いつも眠くない状態
②出費が多くて貯金ができない
↓貯金ができる状態
③本を読む時間がない
↓本を読む時間がある状態

などなどですが、これでは一般化され過ぎていて、目標になりません。

そこで、先ほどの事実質問によって明確なイメージを伴って浮かび上がらせた状態が、具体的にどうなるのが望ましいのかを、ひとつひとつ具体的に記述していくことで、理想の状態を特定することができるのです。

やり方の基本は事実質問術であることは言うまでもないのですが、コツは「過去の具体的な事例を基に、ありたい姿を描き出す」ことです。

定量化が難しそうな問題・課題を解決しようとする際には、「以前○○さんとは、こういうことがあったが、次に同じような場面になったら、こういうやり取りができるようになりたい」と言う具合に、過去の具体的な事例をもとに、こうありたい姿を描き出していきます。

不思議なことに、このようにして問題を明らかにできると、つまり目標設定が明確になると、内側からやる気が湧いてきます。距離を縮める方法を考えるのにも、それを実行に移すにも、前向きになれることが多いのです。これが事実質問術の本当の力です。

ときには理想をどんどん下げていった結果、現実と同じレベルまでになることもありえます。過去を再現しているうちに、現実を受け入れられるようになるということです。

なお、これら一連の事実質問のやり方と公式については、次のページから詳しく述べて行くことにします。

問題と課題は厳密に使い分けない

ここで問題と課題の使い分けについて断っておきます。

問題と課題の境目についてはよく話に上がりますが、なかなかはっきりさせられないでしょうし、区別したところで本質的にはあまり意味がないと私は考えています。なぜなら、本書で紹介する事実質問術は、問題・課題のいずれかにかかわらず、その状態そのものを解決することを目的としているためです。

英語には、Issue と Problem という別々の語彙がありますが、問題と課題を区別する語彙を持たず、「問題」に相当する語だけが使われている言語も世界にはたくさんあります。そうした背景を考慮して、本書でも、厳密な区別をしないままそれらの2つを使っていることをお断りしておきます。

もうひとつ確認しておきたいのは、「問題・課題の分析」と「解決」の関係についてです。事実質問術は、究極には、相手が解決方法を発見し、実行するよう促すためのものなのですが、まず重視するのは分析です。「問題は正しく把握すれば、半分解決したも同じ」と言われるように、正しい分析無くして解決はありません。事実質問術では、事実質問を切れ目なく繋いでいく過程で、分析から解決方法の発見に向けて自然に促していきます。ですから、これは分析のための公式、これは解決のための公式、というふうに豁然《かつぜん》と分けることはせず、一連の手法として紹介・解説していきます。

PHASE 2 当事者が誰なのか確認する

当事者と回答者が異なる質問は厳禁

次のやり取りを見てください。私と、とある母親との対話です。

母親　うちの息子は、なかなか友人が作れなくて悩んでいます。

私　それは**どうして**ですか?

この問いには大きな欠陥があるのですが、おわかりでしょうか。「なぜ質問」が適切でないのはもちろんですが、それよりもっと重大な問題があります。それは、「当事者は誰か？」という問題です。

そもそも「友人が作れない」のは誰でしょうか。息子さんですよね。それなのに、親に理由を聞いています。本人さえはっきり理由がわからないかもしれないことを、他者に聞いて何になるのでしょう。

これは一見、ばかばかしい問いに思えるかもしれません。しかし、現実にはこのパターンの質問は非常に多く見かけられます。よくよく考えてみれば、誰にでも心当たりがあるはずです。

伝言ゲームを打ち破るために

では、こういう場合、どういう事実質問をすればいいのでしょう。また少し考えてみてください。

ここでも原則は同じです。「どうしてですか？」を「Yes/Noで答えられる過去形」に変換してみるのです。例えば

「どうしてか、息子さん本人に聞いたことがありますか？」
「どうしてか、ご存じですか？」

のいずれかが挙げられるでしょう。これをしないまま、「どうしてですか？」と聞いてしまえば、当事者を置き去りに「空中戦」に突入します。つまり、考えと考えの応酬が始まるのです。

空中戦への突入を避けて、地に足の着いたやり取り＝「地上戦」に持ち込むためには、一次情報と二次情報を区別できなくてはなりません。今回のケースを正確に書き起こすと次のようになりますね。

「『僕は友人ができなくて悩んでいる』と息子が言った」と、その母親が私に言ったこの場合、悩みの当事者は息子さんであり、彼が言ったことをその母親が私に伝えたわけなので、当事者と私の間には、情報の仲介者がいることになります。これが二次情報です。そうでなくて、息子さんから直接「僕は友人ができなくて悩んでいる」と聞いた場合は一次情報ですね。あるいは逆に、息子さんが言ったことを父親が母親に話し、私が母親から聞いた場合は、三次情報ということになります。これでは、伝言ゲームになる可能性が高く、正確な情報を得るのは至難の業です。

だからこそ、事実質問を心がける者は、この構造に常に敏感であり、それに応じた事実質問ができなくてはなりません。

事実質問には、この構造的な壁を超える、つまり伝言ゲームを打ち破る力があります。事実質問術の最大の意義のひとつがここにあると言っても過言ではないでしょう。

二次情報を一次情報に修正する

「娘がお腹が痛くて苦しんでるのですが」と電話してきた母親に、医師が「いつから痛い

「何の当事者か？」を正確に把握する

子ども ＞ 痛みの当事者

母親 ＞ 保護者としての当事者

医師 ＞ 医療者としての当事者

のですか？」と尋ねるのも厳密には事実質問ではありません。

そうではなく「お子さんが痛みを訴え始めたのはいつからですか？」あるいは「いつ気が付きました？」と聞くのが母親に対する事実質問です。母親が気づくかなり前から痛み始めていたかもしれないからです。子ども本人に対して「いつから痛いの？」と聞ければ一番いいのですが、それが無理なくらい幼い場合は、まずは前のように聞くしかありません。もちろんプロの医師なら、その程度の問診術は心得ているはずです。

事実質問を心がけるなら、このような「当事者性」に対しても意識的にならなくてはなりません。この場合、痛みの当事者は子どもであり、母親はその子の保護者としての当事者であり、医師は医療者という立場での当事者になります。

この関係は、医師にとっての情報という視点から見れば、一次情報と二次情報とに区別することができます。

母親による「娘がお腹を痛がっています」というのは、二次情報です。痛がっているのは、娘さんですから。それを一次情報にするには、娘さんに直接聞くしかないのですが、娘さんが答えられない場合、どうすればいいでしょう。

こういう時こそ事実質問の出番なのです。

「**いつ**から痛いと言ってるのですか？」
「娘さんのほうから痛みを**訴えてきたのですか？** それとも、あなたが気が付いて**尋ねたのですか？**」
「その際、娘さんは、どういう言い方あるいは仕草でそれをあなたに伝えて**きましたか？**」

「その時、娘さんの顔色や表情はどんな**でしたか？**」

「そして**今は**どうですか？」


と聞いていくのです。

これに対する答えは、娘さんを当事者とした場合は二次情報ですが、お母さんを当事者とした場合は一次情報になります。

お母さんによる観察や見立ては、専門家から見て絶対に正確とは言えないかもしれませんが、診断のための貴重な情報となります。お母さんがそのように行動し、観察し、そう語っているという事実は医師にとっては一次情報ですから、その話がどの程度信頼できるのかは、そのやり取りを通して医師にはある程度、把握できるはずです。

その結果、「お母さんが心配し過ぎているのであって、そこまで緊急ではない」という判断のもと、「病院に連れてくるのは夜が明けてからでいいですよ」とお母さんに伝えればよいとなることもありえます。

PHASE
3 事実を見つめ、現実を浮き彫りにする

事実質問による8つの「分析と解決の公式」

公式は以下の通りです。（0を入れると9つですが）たったの8つですから、練習をする際にこのページを参照しながら使っていけば、やがて覚えられるはずです。あるいはまずは覚えておいて、思い出しながら使っていけるともっと効果的でしょう。

⓪ 相手の回答を自分の言葉で言い直すのは厳禁
① 「問題」を語り始めたら、「いつ？」から始める
② 「そもそも解決したいの？」と聞きたくなったら「これまでに何か対処した？」と聞く
③ 「どうしていいかわからない」と言われたら、「他の誰かに聞いてみた？」と聞く
④ 「本当に問題なの？」と聞きたくなったら、「誰が、どう困ったの？」と聞く
⑤ 「一体なぜその選択をしたの？」と聞きたくなったら、「他にどんな選択肢があった

の？」と聞く

⑥「○○が足りない」と言われたら、「いくら／いくつ足りないの？」と聞く

⑦「できない」と言われたら、「それをやるのは、誰が決めたんですか？」と聞く

⑧「わかっているのにどうしてやらないの？」と言いたくなったら、「軽く微笑みながら、しばらく相手の目を見つめる」

まずは「0」と番号を振っている、最も重要な基本原則を紹介しておきましょう。

分析と解決の公式⓪

相手の回答を自分の言葉で言い直すのは厳禁

問題を分析する事実質問をしていくと、徐々に、「あー、この人のこの捉え方は、思い込みに過ぎないな」とか、「こういう風にしないから問題を解決できないんだ」というような

相手の課題に関する仮説が浮かび上がってきます。岡目八目というように課題の当事者よりも第三者のほうが、客観的に分析できることが多いし、そのことについての知見や情報をより多く持っている場合はなおさらです。

そういったときに「おせっかい型」の質問をしてはいけないのはもちろんですが、もう一つNGがあります。それは、**相手の回答を自分の言葉で言い換えて要約・整理すること**です。具体的に気を付けることがあるとすれば、相手の答えに対して「それはこういうことですね」という具合に、相手が使っていない言葉をこちらから持ち出して言い換えたり、整理して、相手に同意を求めることをしない、ということです。

この流れを作ると、誘導が始まり、期待した答えが出てきてしまいます。相手が自分に忖度をしてきたり、また相手が思い込みをベースに話し出すようになります。

そうなると、自分の仮説に自信を持つあまり、それへの固執が始まります。すると、それが予断＝思い込みとなって、相手に押し付けることになりかねません。これでは元も子もありませんよね。結局「なぜ質問」で相手を問い詰めたり、求められない提案をすぐにしてしまうのと大差なくなります。

こういう言い換えやまとめが必要な場合、相手から出てきた言葉と表現だけを使うように心がけてください。

相手の答えがこちらの期待しているようになってきた時こそ、いい気にならないで、相手があなたに忖度して、誘導に乗ってくれているのかもしれないと、疑ってみることです。

分析と解決の公式①

「問題」を語り始めたら、「いつ?」から始める

しつこいくらいに繰り返し述べてきたように事実質問術の公式の基本中の基本は、「なぜ」と聞かないで「いつ」と聞くというものです。とても有用なので、その応用も含めて、詳しく解説していきます。

相手が大事な経験を語り始めたり、あるいは、特定の問題や課題についてこれから扱うという合意や確認が取れたら、「いつ質問」から入るのが基本中の基本ですが、それには、

2つの質問パターンがあります。

分析と解決の公式① パターンA

「一番最近は?」

ひとつは、「一番最近その出来事(問題・課題)が起こった(顕在化した)のはいつですか?」という具合に一番最近(直近)のことから聞いていくやり方です。

「この頃、膝が痛むんです」と言われたら、「今も痛いんですか?」あるいは、「一番最近、すごく痛んだのはいつですか?」と尋ねます。そこで「昨日の朝です」と言われたら、「その時は何をしていたのですか?」「どこにいましたか?」など、これまた事実質問を使いながらより具体的に聞いていきます。

ここから、さらに、「その前は?」「その前は?」と聞いていくと、相手はどんどん具体的に思い出して話してくれます。しばらくこれを続ければ、問題の大まかな姿が明らかになります。

分析と解決の公式① パターンB

「一番最初は？」

もうひとつは、一気に遡って、「それが一番最初に起こったときのことを覚えていますか？」「それはいつですか？」「どこでしたか？」というように、問題が最初に発生した時、あるいは最初に顕在化した時のことを尋ねる質問です。

特に、問題や課題の全体像がぼやけていたり、分析がうまくいかない場合に使います。「起点」の捉え方に錯誤がある場合が多いという前提に立って、その問題が発生した経緯を具体的に追うような質問を重ねていくのが定石です。このような出発点を見つけて、「その次は？」「それから？」というようにそこから今に向かって時間の流れに沿って聞いていくことができれば、話が進めやすくなります。

大まかにはこのように、流れに沿って、つまり「時系列」で聞いていくのが、事実質問における「分析と解決の公式」の基本です。

この質問の最大の目的は、相手にできるだけ正確に思い出してもらうことにあります。自分の問題を正しく見るのは誰にとっても至難の業です。私たちは、何事につけ自分の都合のいいように捉えます。例えば、人間関係がこじれた場合、相手の落ち度だけが原因ということはほとんどないにもかかわらず、その原因を一人で考えようとすると、自分の落ち度ではなく相手の気に食わない言動や行動がまず思い浮かぶものです。それを繰り返しているうちに、その部分がどんどん肥大してきて、記憶そのものも歪められてきます。

その歪みを自分で正せるよう、正確に思い出させるのが聞き手の役割です。つまり、過去の経緯を正確に思い出していくうちに、相手は、それに基づいて再分析を始めます。「問題は、正しく把握できれば、半分は解決したようなもの」ということです。

その過程で、本当に問題だという合意ができたら、次は、いよいよ本格的な分析に向けて質問を始めます。

事実のみを照らし、記憶の歪みを矯正する

繰り返しますが、この世で起こるすべてのことは、時間と空間の中で起こります。過去と現在進行中のことまでは、事実です。一方、未来はまだ起こっていないので事実とは言えません。逆に言えば、事実である限り必ず、「いつ」と聞くことが可能です。

「いつ？」と聞かれたら、私たちの頭の中では、「思い出す」という行為が自然に始まります。**「考えさせるより、思い出させろ」**という大原則に沿って会話・対話を始めるためには、「いつ質問」は、最もふさわしく、聞きやすい質問なのです。

例題

後輩が「職場の上司とコミュニケーションがうまくとれなくて困っています」と言ったとしましょう。どのように質問を継ぎますか。

パターンA）「一番最近」

「それが一番最近起きたのはいつですか？」がよいでしょう。また、それが最近のことだとわかったら、以下のように詳しく聞いていけるでしょう。

・**「それは、どこででしたか」**（どこ・Where）
・**「その時、その場には職場の人が何人いましたか。誰と誰でしたか」**（誰・Who）
・**「コミュケーションが取れないと強く感じたのは、何の話をしていたときですか」**（何・What）

パターンB）「一番最初」

「それが最初に起こったのは、いつですか?」（あるいは）「最初に気が付いたのはいつですか。覚えていますか」となるでしょう。

「はい、覚えています」という答えが返ってきたら、パターンA）と同じように、どこ、誰、など詳しく聞いていきます。こうして問題の起点を、相手といっしょに探ることで、原因や起点に迫ることができます。

どちらの場合も、「その前は?」「ではその前は?」と遡って聞いていく、あるいは、「その次は?」「その次は?」と聞いていくことで、問題・課題の変遷を時間軸に沿って（時系列で）明らかにしていくことができます。

実際には、よく覚えていない場合や特定が難しいこともあるでしょうが、その時は「覚えてますか？」と付け加えるなど、その場で判断して質問を工夫するしかありません。

他の質問が思いつかない場合、特に最初の質問としては、「いつ質問」はしやすいのです。時系列で質問していくこの手法はそれほど難しくないし、どんなことにでも使える有効なやり方です。

分析と解決の公式②

「そもそも解決したいの？」と聞きたくなったら「これまでに何か対処した？」と聞く

「いつ質問」と並ぶ、問題分析と解決のための最もパワフルな事実質問は、対処方法を尋ねる質問です。これによって本気度を確かめることもできるし、自覚を促すことにつながり、さらには解決方法の発見や、行動に繋げていくこともできる「黄金の公式」です。

質問はこれまた単純です。

分析と解決の公式

「その問題を解決するために、何か行動をとったことがありますか?」

これがどれほど強力な質問になりうるか、考えてみましょう。
ある悩みを持つ人が、この質問にそれぞれ次のように回答したとします。

①睡眠不足でいつも眠い
↓いいえ、何もしていない
②出費が多くて貯金ができない
↓家計簿アプリを入れてみたが、使っていない

①や②はいずれも、本当に困っているのか怪しいですね。つまりこの人はやり取りを通して、「困っている」とか「問題だ」と言いながら、自身がほとんど何もしていないことに気が付くはずです。きっと深刻な問題でないことを認識し、「これについては、もういいです」と言うかもしれません。この後は一応、分析と解決の公式③「他の誰かに〜」の質問に飛んでみて、確認してみるといいでしょう。

「はい」の場合は、「いつ」「何」「どこ」を聞き込む

別のある人が、次のように回答したとします。

③本を読む時間がない
↓読みたい本を絞り込んで、いつも持ち歩くようにしたら少しずつだが進んだ
④SNSでのやり取りが面倒
↓いくつかのアプリを思い切って止めた。夜11時以降には基本アプリ以外は停止するアプ

リを入れた。そうしたところ、負担感は減った気がする

③、④は、その人にとっては、それほど深刻ではなくても、できれば解決したい問題となっていると捉えてもいいでしょう。

このように答えが、「はい（対処したことがあります）」の場合は、それについて詳細に聞き込んでいくことができます。使うのはもちろん以下のような単純な事実質問です。

・**「いつ？」**
・**「何を？」**
・**「どこで？」**
・**「費用や手間はどのくらいかかったか？」**
・**「効果はあったか？」「十分だったか？」「適切だったか？」**

最後の質問に対しては、十分に効果があったという答えは出てこないはずです。そもそも問題が全面的には解決していないから、今、この場で再び浮上しているのですから。

その場合、十分でなかった理由を聞いていくために、その解決方法、対処方法が適切だったかどうかを次のような質問によって確認していきます。

・その対処方法は、どこで（誰から）知ったか？
・実際にやってみて、当初の想定と違っていたことはあったか？
・他に対処方法はあったか？

などと聞いていくのが常道なのですが、ここまで来ると覚えるべき公式の数が多くなりすぎるので、このへんにしておきます。実際には、このくらいまで思い出してもらえれば、こちらで気の利いた質問があまりできなくても、本人が自分でしっかり考えるようになります。

分析と解決の公式③

「どうしていいかわからない」と言われたら、「他の誰かに聞いてみた?」と聞く

相手が「いいえ、何も対処していません」と答えた後、「いや、本当は何とかしたいんですが、どうしたらいいのかわからないのです」となることもありえます。

この場合は、以下のように聞きます。

分析と解決の公式

「他の誰かに聞いてみた?」

これは情報源探しや情報収集についての経験を尋ねることで、もう少し前向きに対処することを促すための質問です。

これについても、そこまで聞くことで、何らかの効果があるかどうかは、相手がその問題をどの程度深刻に捉えているかによります。解決策を見つけ出そうと前のめりにならないで、そこに至るまでの記憶をしっかり呼び覚ましてもらうことが先決です。

同種の質問に、以下のようなものがあります。

・昔、同じような問題に対処したことはないの？
・身近な誰かで、同じような問題に対処した人はいないの？
・それについて調べたことある？

最初の2つは第2章で紹介した基本公式⑤「他は質問」の応用形です。対象としているモノやコトについての質問が行き詰まった場合に使います。

あるいはその人が持つ経験だけでは対処できない場合などには、「（身近な人で）誰か似たようなことはあった？」「その人はどう対処したか知ってる？」などと聞きます。

「自分のことで行き詰まったようだったら、身近な人の成功事例を尋ねてみる」は、「他は質問」の有効な応用例です。

分析と解決の公式④

「本当に問題なの？」と聞きたくなったら、「誰が、どう困ったの？」と聞く

これまでの分析と解決の公式を繋いで問題について聞いていくと、途中で、そもそも、「それは本当に問題なのだろうか」と感じることがあります。こう感じることがあったら、その場で疑問を解消しておいたほうがいいでしょう。

その際には、「誰が」「いつ」「どのように困りましたか？」というように、本当に被害があったのかどうかを聞き込んでいきます。

分析と解決の公式

「誰が、どう困りましたか？」

「何に困りましたか」ではなくて、「困った経験がありますか？」というように、「はい、いいえ」で答えられる「過去の経験を聞く質問」で聞き始めるのも、相手が答えやすい、良い質問方法です。

この質問の効力を確かめるために、身の回りの問題を取り上げて少し質問してみましょう。簡単な自問自答練習です。まず、見聞きしたことがある問題を思いつく限りランダムに書き出してみましょう。

職場の問題、学校の問題、社会の問題、家庭の問題などなど、あなたに直接関係することでも、そうでないことでもかまいません。

ここでは先ほど出てきた身近な例を使ってみます。

①睡眠不足でいつも眠い
②出費が多くて貯金ができない

③本を読む時間がない
④SNSでのやり取りが面倒
⑤家族の仲が悪い
⑥C課長の機嫌が悪い
⑦営業のノルマがきつい

これらの中から、どれかを選び、それに対して公式を使って質問してみましょう。「それで誰が、どのように困りましたか？」と。

次の3つについては、被害が特定できるかもしれません。

④SNSでのやり取りが面倒
「どのように困った？」
↓中学の友人のDさんを中心としたグループの連絡が深夜まで続いていて、気が抜けない

「誰が困った？」

↓返信をすぐにしなかったEさんがグループから抜けさせられた。次は自分かもしれない

⑤家族の仲が悪い
「どのように困った？」
↓高校生の弟が帰宅しても部屋に閉じこもっていて、部屋から無理に出そうとした父親と大喧嘩になった
「誰が困った？」
↓父親と弟の関係が悪くなり、母がすごく気落ちしている

などがあり得るでしょう。さらには、

⑥C課長の機嫌が悪い
「どのように困った?」
↓同僚をちょっとしたミスでもひどく怒る
「誰が困った?」
↓Fさんが翌日はショックで会社を休んでしまった

というシナリオもありそうです。パワハラ問題ですよね。

このように、被害状況を思い出し、具体的に記述できたなら、理想の状態も浮かび上がって来ます。つまり、「C課長が、多少のミスでも怒らないようになる」ということですが、これだけではまだ曖昧ですよね。「多少のミス」とは具体的にどういうことを指すのか、これまでの経験で、いくつか挙げることができれば、課長に求めたいミスの許容範囲が浮かび上がってきます。

そのためには、自分を含む被害当事者の同僚に、「いつ」「何をして」「どうなった」かを事実質問で具体的に聞いて行く必要があります。そうなると課長本人に具体的にお願いすることも可能になりますし、何かの機会にもっと上の上司に実例を伴って伝えることもできます。

あるいは、全く視点を変えて、「C課長に怒られても、動揺しなくなる」ということを理想の状態に据える方法もあるかもしれません。この場合も、「動揺しない」は曖昧なので、まず過去にどういうダメージがあったかを仲間と出し合い、過去に同様のことが起こった際には、どうやって対処したか、あるいは、上手に対処したケースを知らないか、などと経験を共有しながら、今後、何をすればいいのか、どんな対処や準備ができるのか、を見つけていくこともできます。

こうして、問題の見定めから、解決方法の発見に向けて、事実質問を使いながら進めて行くというのが常道です。例④や⑤についても、同じようにできるはずです。

「気になっているが、解決を急がなくていいもの」もある

では、他の例についても考えてみてください。

①睡眠不足でいつも眠い
②出費が多くて貯金ができない
③本を読む時間がない

これらに対して、「誰が」「どのように」困ったのか聞いたとしたら、どれだけ明確に答えられるでしょうか。

いずれも自分のことについてなので、「私が困った」とまではすぐに答えられますが、「いつ？」「どのように？」はなかなか特定できないかもしれません。ということはつまり、「気になってはいるが、問題と言うほどではないかも」という可能性が出てきます。

要するに、特に困ったことがないのに、何となく「問題だ、問題だ」と言い合っているだけかもしれないということです。

事実質問で解決を試みるためには、相手を信頼して対話に臨む一方で、「それは本当だろうか？」という疑問を持つ必要があります。つまり相手の言うことを鵜呑みにしないで、事実を聞いていく姿勢が大切だということです。

それは自分自身に対しても同じです。つまり自分はそう言っているだけで、本当は深刻には捉えていないのではないのか、あるいは、それが気になるのは、別の問題が隠れているからではないのか、などと構えて、自分に具体的に問いかけていくということです。

分析と解決の公式⑤

「一体なぜその選択をしたの？」と聞きたくなったら、「他にどんな選択肢があったの？」と聞く

分析と解決の公式⑤は、相手の「選択」について、「なんとなくおかしいな」と違和感を覚えた時に使うものです。おやつのケーキから結婚相手まで、とにかく私たちの人生は、選択の連続です。相手のことに少しでも関心があるなら「どうしてそれを選択したのか？」を知りたいのは当然です。特に人の話を聞いていると、「一体全体、どうしてそんな選択肢を取ることにしたんだろう？」と気にかかることがありますよね。学校、仕事、恋愛など様々だと思います。

だからと言って「なぜそれを選んだの？」という「なぜ質問」では、当然、本当のことはなかなか出てきません。相手は、その場で適当に考えて答えてしまうからです。そうし

て出てきた答えは見栄を張ったり、格好をつけたりしたものになりがちです。そんなことを聞かされても、虚しいだけではないでしょうか。

この場合には、手っ取り早くそれが聞ける強力な事実質問があります。それが、「他にどんな選択肢があったか」を尋ねる質問です。

「他にはどんな選択肢がありましたか？」

以前、大学の助教をしている知人女性と久々に会ったところ、新しいノートPCを持っていました。そのボディの色が青みがかった黒で、どこかくすんで見えるし、あまり見ない色だったので、どうしてこんな色にしたんだろうといぶかしく思い、聞いてみました。

私　それ**いつ**買ったの？
知人　先月です。
私　**どこ**で？
知人　大学の生協です。
私　**他に**どんな色があったの？
知人　シルバーホワイトと黒です。黒は品切れでした。
（少し黙る）
知人　本当はシルバーホワイトが欲しかったのですが、同じ色のものを教授が最近買ったので、あえて違う色にしました。彼と同じ色のものを持つのはしゃくでした。

最近教授とうまくいっていないとは聞いていたのですが、そこまで反目しているのかと驚いた次第です。結局、彼女は、翌年には研究室を去ったのでした。
対話の三度にわたる問いと答えの行き来、すべてが繋がっていますね。相手の答えの上に、次の質問がなされています。こうして、淡々と思い出してもらうわけです。

人が選択をする時、ほとんどの場合は他に選択肢があるでしょう。そこでこの質問によってその時のことをはっきり思い出してもらえれば、思わぬ背景やエピソードが出てくること請け合いです。

「いつ」から始めて話題を深めていくと、徐々に話に広がりが出なくなってきます。そんな時に事実の軸を広げることができるのがこの質問のメリットです。筆者一押しの事実質問です。

分析と解決の公式⑥

「〇〇が足りない」と言われたら、「いくら／いくつ足りないの？」と聞く

あなたは、「〇〇が足りない」などとしょっちゅう言っていませんか。例えば「運動が足りない」とか「時間が足りない」とか「予算が足りない」とか。

そのような場合には「いくら（いくつ）足りないの？」という質問で返すのがとても有効です。これも、分析と解決のための事実質問の王道です。

分析と解決の公式

「いくら（いくつ）足りないの？」

次のように使います。

・「時間が足りない」
↓それができるには、**どのくらい**時間があればいいのですか？
・「お金が足りない」
↓あと**いくら**の活動資金が必要ですか？
・「運動不足が気になっている」

↓**どれくらい**運動が不足しているのか、おわかりですか？
・営業のノルマがきつい
↓営業のノルマ達成まで、あと**いくら**足りないのですか？

このような質問に対して、相手が正確な答えをすぐに出せるかどうかは微妙でしょう。「時間が足りない」や「運動が足りない」が単なる口癖になっているだけの場合、こう聞かれて、具体的に答えられるはずはありません。

とはいえ、この「答えられない」という現実を突き付けられることで、相手に何らかの心境の変化が起きる可能性があるので、こう聞いてみることには疑いなく価値があります。覚えておいて損のない公式です。

なお、相手がすぐに答えることができない場合で、もう少し突っ込んでみたいのなら、次のように尋ねます。

「あなたはそれが不足していることを、どのようにして知ったのですか？」

そこでもし相手がすぐに答えることができたら、次の質問をします。

「あなたのその答え（見積もり）の根拠は、何ですか？」

時として少し意地悪な質問になるかもしれませんが、このような流れで考えるのが、状況を明確に理解するためには大切なのです。

これにしっかり答えることができたら、問題は半分解決していると思っていいでしょう。すでに本人が相当考えて分析していなければ、これには答えられないでしょうから。

次のページで、ひとつ詳しくやってみましょう。

H　運動不足が気になっています。

I　どのくらい不足しているかわかりますか？

H　わかりません。

I　ではどうやって不足していると分かったのですか？

H　体重が増え続けているからです。

I　増え始めたのはいつごろからですか？

H　3年くらい前からかな。

I　その前には運動していましたか？

H　いいえ。でもそういえば、今のところに引っ越す前は、通勤のためにけっこう歩いていましたね。

I　何分くらい、どの程度の距離でしたか？

H　1・5キロくらいはあったかな。20分は歩いてましたね。

I　今は何分くらい歩きますか？

H　バスで駅まで行くので、バス停までの2、3分しか歩きません。

I　それ以外に体を動かすことで当時と変わったことはありますか？

H　会社で部署がビルの6階に変わったので、エレベーターを使うようになりました。それ以前は、3階だったので、歩いて上ることが多かったですね。

I　食べる量はいかがですか？

H　いや当時と大きくは変わってないはずです。

（しばらく黙る）

H　なるほど、一日、30分程度は歩く必要がありそうですね。

I　どこか近所に歩けるところはありますか？

H　いや、行きも帰りもバスに乗るのはやめて、どちらかは歩くようにすればいいと思います。

I　歩いたことはありますか？

H　はい、会社が定時に終わって、天気がいい日に、何回か歩いたことはあります。

I　歩き終わって何か感じたことはありましたか？

H　とても爽快だったので、時々は歩こうかなとその時は思ったのですが、実行に移しませんでした。でも、このまま体重が増え続けるとまずいので、週に何回かでいいから、歩くことにします。

I　いつからやりますか？

H　今日の帰りには歩きます。早めに帰れそうなので。

これが「いくら足りないのか？」を聞いていくことによって行動変化を導く公式の実例です。事実質問の力を感じてもらえたでしょうか。

分析と解決の公式⑦

「できない」と言われたら、「それをやるのは、誰が決めたんですか？」と聞く

「僕の成績が上がらないのは、塾が合ってないからだ」「塾さえ変えれば、成績は伸びるのに」などは、子どもがしがちな言い訳のひとつですね。

つい、「なんでそう思うの？」「今の塾でも成績は伸ばせるんじゃないの？」と聞きたくなりますが、聞いたところで「無理なものは無理なの」というような反応しか引き出せないことは目に見えていますね。

塾が合っていない場合もありえますが、特に問題となるのは、本人が無意識に言い訳しているだけのケースです。何を聞いても「それはできない」「無理だ」というような回答が返ってくるでしょう。

このような「それはできない」を象徴する表現を見つけたら、それをキーワードに聞き込んでいくことになります。事例に即して、そのやり方を見ていきましょう。なお、これは、特定の団体のものではなく、いくつかの実例を組み合わせてわかりやすく構成し直したものです。質問は次の通りです。

解決公式

「誰が決めたんですか？」

ボランティア団体Vは、子どもの貧困問題への対処を目的に、月一回の子ども食堂や食糧支援などの活動を行っています。この団体では、食事が終わって帰宅するまでの時間に、その日の振り返りや今月の連絡などをするために、子どもたち全員とボランティアとスタッフが、短い会議を持つことになっています。

しかし団体Vの代表Wさんは、最近「子どもたちがなかなか席に着かないために、その会議がなかなか始められなかったり、うやむやなままに帰り支度を始める子どもが多かったりして困っている」と言います。彼女によれば、ルールを守ろうとしない子どもが多いのがその原因と考えているとのこと。

ここであなたなら、何をキーワードに聞き込んでいきますか?

そこに同席していたBさんは、次のように聞きました。Bさんは、事実質問術を使ったコンサルティングの心得があります。

「ルールと言いましたが、どういうルールがあるのですか?」

Wさんは、上記のようなことを改めて説明しました。

そこでBさんは、公式に従ってさらに聞きました。

「そのルールは誰が決めたのですか？」

「子どもたちとはどういう形で共有したのですか？」


Ｗさんはハッとした表情になりました。子どもたちと話し合うこともなく決めたルールを押し付けたところで守ってくれるはずがないことに、Ｗさんは気が付き、言葉を失ったのです。子どもの主体性を育む、子ども中心の社会、子どもの権利を広める、などというスローガンを掲げているにもかかわらず、自分たち自身がそれに従っていませんでした。ルールを守らないのは子どもたちではなく、団体のほうだったのです。


このケースで、Ｂさんが着目したのは、「子どもたちがルールを守ろうとしない、そういう子どもが多いので、運営が難しい」というＷさんの言い方でした。

そこで、まず、「どんなルールですか？」と何質問で聞き、中身を確かめた上で、「誰が決めたんですか？」と直球勝負に出たわけです。

この「誰が決めたんですか？」という質問は、団体や組織相手のコンサルティングにおいては、とても強力な質問になります。決めるプロセスに関与していない人、あるいはそのプロセスを共有されていない人にとっては、その決めごとは極論すれば、自分ごとではありません。頭では理解していても、自分ごとと捉えて行動するのは容易ではないのです。皆さんも、自分のことを振り返ればおそらく納得がいくはずです。

もしあなたが事実質問のことを知らずに、Bさんによるこのやり取りをそばで目撃しただけだとしたら、「なんて質問が上手な人なんだろう」と思われるに違いありません。でも、こうして分析してみると、事実質問の公式に忠実にやっているだけだということがわかるはずです。遠い道では全くありません。

ちなみに冒頭の子どもの塾の例であれば、「その塾に行くのは、誰が決めたの?」のような質問ができます。子どもが自分で決めたのだったら、こう聞かれて、何か思うところが出てくるかもしれません。逆に、決めていたのが親だったなら、考え直すべきは親のほうだ、となるかもしれません。

「誰が決めたんですか?」という聞き方は、霧隠れしていた事実を浮かび上がらせる強力な質問です。ぜひ覚えておいてください。

分析と解決の公式⑧

「わかっているのにどうしてやらないの？」と言いたくなったら、「軽く微笑みながら、しばらく相手の目を見つめる」

事実質問と様々な分析と解決の公式にしたがっていろいろと聞いていくうちに、徐々に次のことが明らかになってきたとしましょう。

・相手がそれなりに深刻な、あるいは対処したほうがいい問題を持っている
・それを自覚している
・さらには、どう行動すべきなのかもよくわかっている

つまりすでに問題も、その対処のためにやるべきことも明確になっているパターンです。すべてがこれほど明らかになってきたのに、それでも相手が一向に動く気配がないというケースは多々あると思います。つい、語気を強めて相手を非難し、「わかっているのにどうしてやらないの？」と説得をしてしまいそうになる場面です。このような場合は一体どうしたらいいのでしょうか。

そんな時のために、最後の分析と解決の公式を紹介します。

分析と解決の公式

「…………」（軽く微笑みながら、しばらく相手の目を見つめる）

これが、最後の「分析と解決の公式」です。このような相手に対しては、あまりシャカリキになったり、あるいは気落ちしたりすることはありません。「わかっているのになんでやらないの？」と言いたくなったら、「軽く微笑みながら、しばらく相手の目を見つめるべし」です。悠然と微笑み、相手をじっと見つめましょう。

こういった場に遭遇したときには、私は以下のような格言を思い出すことにしています。

バングラデシュの友人から教えられたものです。

> 馬を水辺に連れて行くことはできても、
> 喉が渇いていない馬に水を飲ませることはできない

すべての事実が明らかになっている今、何か無理に付け加えた質問をする必要はありません。

どうなるかは、その時のお楽しみとしておけばいいでしょう。

PHASE 4 解決のために、「信じて待つ」

変化はいつも「内側から」起こる

ここまでお読みになれば改めておわかりになるように、事実質問術における解決方法の基本は、「課題の分析は当人が行う。そのために私たち外部者は働きかけるのみ」です。あなたから何か解決策を提示する必要は、本来ありません。

とはいえ実際には、こちらが働きかけたからと言って当人がその場ですぐ気付くとは限りません。しばらく経ってから気づくことも多くありますから、「待つ」という姿勢がとても重要になります。言い換えれば、最後の一言（気づきの言葉）を相手が言い出すまで、待つ必要があるわけです。

その一連の流れと、その中での「待つ」ことの大切さをわかりやすく覚えやすく示したたとえ話を、実際の研修の場面でのやり方に沿って、紹介しましょう。

ここに楕円があります。

「これ、何に見えますか？」

「卵？」

「そう。では卵は誰が産む？」

「ニワトリ」

「ニワトリは卵を産んだら次に何をしますか？」

「温める」

「そうですね。では温め始めてから、何日で孵化するか、知っていますか？」

途上国の農村で育った研修員には知っている者が多いのですが、都会育ちや日本人だとほとんど知りません。

「平均３週間、つまり21日で孵化します。しかし、雌鳥は３週間ずっと抱き続けているわけではありません。18日目か19日目になると、温めるのを止めてあることをするのですが、それは何でしょう？」

「卵を口ばしで突っつく？」

「そう。コツコツと突っつきます。すると何が起こりますか？」

「内側からひよこも突っつく」

「その通り。母鳥の呼びかけに応えて、幼鳥が中から突っつき返します。そうしているうちに、何が起こるでしょう？」

「殻が内側から割れて、ひよこが出てくる」

「はい。これが、孵化のメカニズムです。自然は実によくできていますね」

「ところで、場合によっては、18日目か19日目に母鳥が突っついても、中から何の返答もないこともある。そんな時、母鳥はある『行為（action）』に出ます。さあ、それはどんな行為でしょうか？」

「足で蹴ってひっくり返す？」

「ノー」

「もっと強く突っつく？」

「ノー」

「答えは、『待つのみ』です。私が行為と言ったので、何か大きな動きを想像したに違いありませんが、『待つ』ことほど、積極的で困難な行為はないのです。逆に、外から強く突き過ぎると、内側に向かって殻が割れるので、雛は出にくくなる。だから、待つしかない。雛には自分で殻を破って出てくる力があることを『信じて待つ』のです」

「信じて待つ」は、事実質問の分析と解決の公式における最も重要な心得であり、私の座右の銘でもあります。

まず、卵を抱いて、温めます。時期が来たら、突きます。タイミングを間違えると、いくら突いても何の変化もありません。強すぎず、弱すぎず、適度に突きます。強すぎると、未熟な卵が割れてしまうし、弱すぎると聞こえません。あとは、「信じて待つ」のみです。

外から刺激を与えることはできますが、変化は常に内側から起こるもの。その信頼とともに「良い時期に適度に突く」ことができたという自分の働きかけに対する自信がなければ、待つことができないで、ついつい突きすぎてしまいます。つまり相手が自分で気付く前に「提案」してしまうのです。

信じて待つのは時間がかかることもありますが、雛がひとたび自分の力で殻を破って出てくれれば、後は自分から大きく育っていきます。これは、私だけではなく、事実質問を課題解決のために使っている多くの仲間の経験からも断言できます。その場限りのやり取りであっても、中長期の取り組みであっても少しも変わりません。

「変化は内側から起こる。外部者は信じて待つのみ」というのが他者への働きかけの真髄

① 聞いたことは、＿＿＿＿＿＿＿＿。
If I hear it, I will ＿＿＿ it.

② 見たことは、＿＿＿＿＿＿＿＿。
If I see it, I will ＿＿＿＿＿ it.

③ やったことは、＿＿＿＿＿＿＿＿。
If I do it, I will ＿＿＿ it.

④ ＿＿＿＿＿＿＿＿ことは、使う。
If I ＿＿ it, I will use it.

です。これは教育においてもそのまま当てはまることです。お子さん相手に事実質問を使ってみたいという方はこのことを、肝に銘じておくことを強くオススメします。

事実を通じて得た気づきが行動変化を生む

この考え方をわかりやすく伝えるために、実際の事実質問術の研修では、研修講師がまず上のように板書し、必ずこう尋ねています。

それぞれの空欄に入る言葉が何か、皆さんにはわかりますか。少し考えてみてください。もともとは英語ですので日本語と併記して示しておきます。

答えは、上から順に、忘れる（forget）、覚えている（remember）、わかる／身につく（know/learn）が入ります。ここで肝心なのが最後の④の空欄です。この答えは、通常、参加者から簡単には出てきません。講師は辛抱強く働きかけながら参加者のアイデアを待ちます。するとやがて出てくるのが、「find」あるいは「discover」など、日本語で言えば「見つけた」を意味する言葉です。

人は、自分で見つけたもの以外は、ほとんど忘れます。そして忘れてしまえば使うことはできません。現場においても、相手が答えを自分で見つけるまで、粘り強く働きかける必要があります。

しかも自分で発見することの意義は、「忘れない」ということに留まりません。人は自分で答えを見つけた時、気づきの喜びに満たされます。その喜びをエネルギーに、行動変化のための第一歩を踏み出すことができます。同じ答えであっても、自分で見つけるのと他人から教えられるのとでは、心理的な効果という点では、天地の差があるということです。**当事者の「気づき」こそが「行動変化」のための大きなエネルギーとなる**のです。

かくいう私も実は、なかなか待てないで、すぐに提案したり誘導したりすることが常で

① 聞いたことは、忘れる。

If I hear it, I will forget it.

② 見たことは、覚えている。

If I see it, I will remember it.

③ やったことは、身につく。

If I do it, I will know it.

④ 見つけたことは、使う。

If I find it, I will use it.

した。特に相手が目下の人や助言を求めてきた場合は、自分から答えを教えることに疑問を感じることさえありませんでした。

現在ではそういうことは全くない、とは言えないまでも、ずいぶんと待てるようになったことは確かです。そうした行動変化をもたらしてくれたのは、「信じて待つ」ことで、相手に思いがけない変化が起きたという成功体験でした。

こういう話をすると、「では、どのくらい待ったらいいのですか?」という質問が必ず出てきます。それに対して私は「いつもの私だったらこのへんで提案してしまうな、と気づいたら、あと1分待ってみようと決意することです」と答えることにしています。試しているうちに違ったパターンが生まれ、それがいつの間にか身についてくる、という以外に行動変化の道はないようです。

私は、国内外で、いろいろな人を相手に、長短の研修を年中行っていますが、研修後しばらく経って会った人にその後のことを尋ねると、先ほどの卵のたとえ話のことが必ず話題に上ります。「これまでだと、すぐに提案してしまうところを、あの鶏と卵のイラストを思い浮かべながら、ぐっと待ったところ、相手から思いもかけない言葉が出てきました」などというこの上ない嬉しい報告をもらったことも、一度や二度ではありません。

特に諸々の教育や家庭の子育ての場面では、効果が著しいとのことです。皆さんも、**「事実質問で突っつき、あとは信じて待つ」**というやり方を、職場や家庭で試してみてはいかがでしょうか。

おわりに

まず断っておきたいのは、本書で紹介した質問術は、私が開発したものではないということです。この手法の根幹を作り出したのは、私が長らく活動の場としてきた国際協力NGO（現・認定NPO法人）ムラのミライの創立者で、私の師であり盟友の和田信明さんです。かつて私が国際協力の現場で、彼と村人との対話のあまりの見事さに衝撃を受け、自分でもその対話術を身につけたいと強く願って、真似をしていくうちに手法化、体系化できたのです。

和田さんが実践を通して手法を作り、洗練させ、そして私がそれを普及するための言語化、手法化を担ってきたと言えます。

これまでは、国際協力の専門家をはじめとする、社会福祉、保健医療、教育などの対人支援に携わる方への普及活動が主でした。並行して親子のコミュニケーション、とりわけ思春期のお子さんと親とのコミュニケーション講座などを実施していく中で、家族をはじめとする身近な人間関係の改善にも大きく役立つことがわかってきました。本書で紹介した事実質問術は、そうした普及活動を通して出来上がったもので、ある意味でその集大成とも言えるものです。

この質問術が皆さんのコミュニケーションの質を高めるのに役立つことを心から願っています。

思い込みに気が付くのは常に心地よいとは限らず、苦さを伴うこともあります。それを他者と共有するのは照れくさいし、自己開示に伴う勇気が必要なこともあるでしょう。

仮にすぐに役立てられないにしても、本書を読んでいる中で、事実と考え（＝思い込み）を区別してみたら、頭も心もすっきりしたという体験を、わずかでもしていただけたとしたら、こんなに嬉しいことはありません。

最後に、本書は、実に多くの方々の、そうした実践報告なしには成り立たなかったことは言うまでもありません。そうした皆様に深く感謝を申し上げるとともに、本書をお読みになった方の中から、新たな実践報告者が現れることを期待して、本書を閉じることとします。

著者・中田豊一

［著者］
中田豊一（なかた・とよかず）
1956年、愛媛県生まれ。東京大学文学部卒。1986〜89年、シャプラニール＝市民による海外協力の会・バングラデシュ駐在員。以後、国際協力コンサルタントとして活動。現在、認定ＮＰＯ法人ムラのミライ代表理事。
20年近く開発途上国援助の現場で活動しながら、文化もライフスタイルも異なる人達とのコミュニケーションに悩み続ける日々を送る。ある時、同じく支援活動に携わっていた和田信明氏の「どんな相手とも正確に意思疎通する知的コミュニケーションの技法」に出会い、衝撃を受ける。
同技法を「メタファシリテーション®」として共同で体系化し、すべての解釈を排する質問術＝事実質問術として確立。その後20年以上にわたり和田氏とともに、内外の対人支援専門家、ビジネスパーソン、医療・福祉関係者など延べ10,000人以上に「事実質問」の研修を行い、同技法の伝播に努めている。著書に『対話型ファシリテーションの手ほどき』、共著に『途上国の人々との話し方 国際協力メタファシリテーションの手法』他多数。

「良い質問」を40年磨き続けた対話のプロがたどり着いた
「なぜ」と聞かない質問術

2025年３月４日　第１刷発行
2025年６月17日　第６刷発行

著　者――中田豊一
発行所――ダイヤモンド社
〒150-8409　東京都渋谷区神宮前6-12-17
https://www.diamond.co.jp/
電話／03･5778･7233（編集）　03･5778･7240（販売）

装丁･本文デザイン―吉田考宏
本文DTP――エヴリ・シンク
校正――――鷗来堂
製作進行――ダイヤモンド・グラフィック社
印刷・製本―勇進印刷
編集担当――榛村光哲（m-shimmura@diamond.co.jp）

ISBN 978-4-478-12078-1